門外不出の経営ノート

2泊3日で165万円！
プレミアム合宿LIVE講義

株式会社武蔵野 代表取締役社長
小山 昇

箱根・山のホテルから
2泊3日の「プレミアム合宿」
実況中継

▲本日貸切

山のホテル▶
（岩崎小彌太男爵別邸跡に
1948年創業）

▲芦ノ湖とひこうき雲

▼箱根海賊船

▲▼プレミアム合宿会場「芦辺」

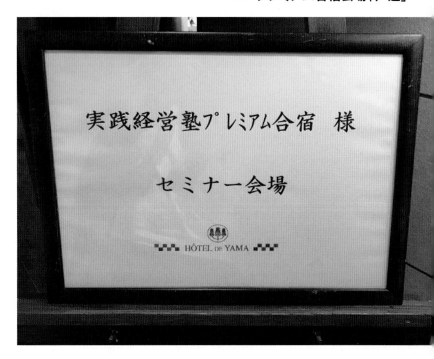

小山の講義実況LIVE

いよいよ
ドロドロ問題解決!
1on1の
「個別面談会場」
ここは
小山と社長ひとりしか入れない
"禁断の間"

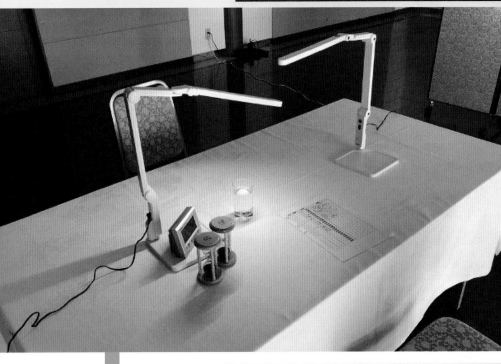

悩みも一挙に晴れ、
心も体もクリアスカイ!
みんなで露天風呂へ ▶
（→これは撮影不可）

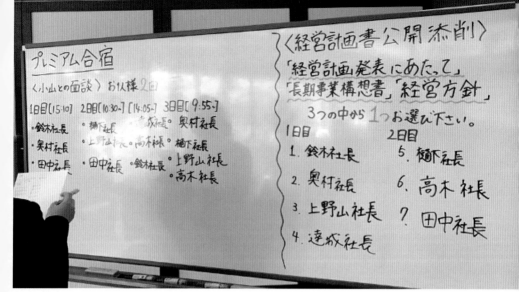

▲ 面談スケジュール

▲▶ 小山の「経営計画書」
鬼添削実況中継

◀ みんな真剣&笑顔!
夜の飲み会で「シェアじゃんけん®」
(→72ページ)
せ〜いの! じゃんけん・ポイ!!

▼ 最後はこの2人!

山のホテル入口 ▶

門外不出の経営ノート ··【目次】
2泊3日で165万円! プレミアム合宿LIVE講義

巻頭口絵

箱根・山のホテルから
2泊3日の「プレミアム合宿」実況中継

はじめに

18年連続増収&750社超指導の
経営のカリスマがひた隠しにしてきた
「門外不出の超高額セミナー」を本邦初公開! ······1

「1日36万円のかばん持ち」を上回る高額セミナーが存在した! ······1
座学より1対1!　プレミアム感たっぷり ······4
現場は小説より奇なり!　全国から"事件"の数々 ······5
なぜ、多くの社長が「165万円は安い」というのか? ······7
「8年連続10%成長」の飲食店と売上10倍でマザーズに
上場した物流界の革命児 ······8
壁をつぶして、実務を変えろ ······10
黒字なのに「1万円で売れ」といった理由 ······11
凡人の中の最高を極めよ ······13
門外不出のカリキュラムをついに蔵出し!　新時代の「経営の教科書」 ······14

プロローグ

戦後最大の危機でも
絶対に会社をつぶさない方法 ······19

社長43年で初の減収!　脅威の「新型コロナウイルス」 ······19
リスクマネジメントの3つの原理原則 ······20
今がどん底でも、打つ手は無限 ······29

第1講　経営計画 31

① 儲かる会社に変わる魔法の道具、それが「経営計画書」!……32
　料理も会社経営も「道具」がキメ手……32
　経営計画書は、中小企業の3つの悩みを一気に解決する最強ツール……40

② なぜ、目標を紙に書くと本当に実現するのか?……41
　口約束は守られない!　紙に書かずして、人は実行せず……41
　目標を紙に書かないと、赤字になる!?……41

③「5年で売上2倍」の長期計画を立てる……43
　目先の利益より5年後の成長を……43

④ 経営計画書には「社長の決意」を具体的に書く……49
　経営計画書にある改善すべき共通点……49

　ダントツ社長の告白
　　株式会社キンキ（工業用資材の専門商社／京都府）長谷川哲也社長
　　社員を動かしたいなら、先に答えを与えちゃダメ!……52

⑤ 経営計画は、絶対評価と相対評価の2軸で考える……59
　絶対評価で立てた計画がうまくいかない理由……59
　競馬の的中率を上げる相対評価……60
　職責上位者の報告を重視する理由……62

⑥ 直感を避けたデータドリブン経営!
　「3つの見える化」で劇的効果……63
　会社を変えるデータドリブン経営……63
　　■3つの「見える化」で劇的効果……64
　分析したデータをアクションに変える……65
【コラム】緊急事態宣言下での施策……66

ダントツ社長の告白

株式会社三井開発（環境分析、水処理施設の保守管理業務／広島県）

三井隆司社長

社員が12人辞めても、売上が落ちなかった理由……69

第1講まとめ【**小山の経営公式66**】	71
露天風呂で裸の本音トーク❶	
じゃんけんの強さと会社の業績が正比例する理由	72
わが社の経営ノート　第1講「**経営計画**」	76

第2講　事業構造　77

① 「やらない」と決めていること❶
むやみに商圏を広げない……78
エリアを絞って、経営資源を集中投下する……78
私が「ラブホテル」を制覇した理由……81

ダントツ社長の告白

株式会社凪スピリッツ（すごい煮干ラーメン凪、ラーメン凪 豚王の経営／東京都）

生田智志社長

たった一つのメニューで勝負したラーメン業界の風雲児……82

② 「やらない」と決めていること❷
「一度売ったらおしまい」のビジネスはやらない……84
「鉄砲」より「弾」を売る理由……84

③ 「やらない」と決めていること❸
ライバルのいないビジネスはやらない……86
ライバルがいない＝マーケットが存在しない……86
オンリーワンより「No.1」……89

④ 「やらない」と決めていること❹
社歴よりも古いマーケットには参入しない……90

新規事業は4つの順で難しくなる……90

「現市場」に「新技術や新商品」を売ると成功する理由……91

⑤ 「ミツバチ型」×「クモの巣型」戦略で売上がアップする……92

お客様を飽きさせないために……92

「ミツバチ型」×「クモの巣型」の「ミックス型」……93

飲食店も「ミツバチ型」戦略で売上アップ……94

⑥ 値上げして収益構造を改善する方法……96

原価積上げ方式では利益が出ない……96

販売価格は「お客様起点」で考える……97

反感を持たれずに値上げする7つの方法……100

ダントツ社長の告白

株式会社ジェイ・ポート（産業廃棄物処理／大阪府）**樋下茂**社長
133の改善と50%値上げで業績急上昇!……104

⑦ 人に「仕事」をつけず、仕事に「人」をつける……105

誰がやっても同じ結果が出せるしくみ……105

⑧ 顧客「単価」を上げるか? お客様「数」を増やすか?……107

顧客単価を上げる前にお客様の数を増やす……107

「売上」から「お買い上げ」の発想へ……108

ダントツ社長の告白

株式会社関通（物流倉庫、物流アウトソーシング、発送代行／大阪府）**達城久裕**社長
倉庫をショールーム化! 見込客の25%と成約できる理由……111

ダントツ社長の告白

ドクターリセラ株式会社（スキンケアメーカー／大阪府）**奥迫哲也**社長
売上の3割が広告費! 新規顧客数を増やす方法……112

第2講まとめ【小山の経営公式66】 115

露天風呂で裸の本音トーク❷ 効果的な印税の使い方 116

わが社の経営ノート 第2講「事業構造」 117

① 「販売」戦略から「人材」戦略の時代……120

中小企業を襲う3つの変化……120

① 経済構造の変化……121

② 採用ガイドラインの変化……123

③ 若者のトレンド(価値観)の変化……124

ダントツ社長の告白

株式会社後藤組(建設、不動産、リフォーム、外食事業／山形県)**後藤茂之**社長
小山式「25%の法則」で社内に活気が満ちあふれた……128

株式会社まきの(冠婚葬祭／東京都)**牧野昌克**社長
従来の慣習を打ち破るには、新卒の感性が必要!……130

② **時間外労働の上限が法律に規定!**
法令違反の会社には「罰則」が!……131

月45時間・年360時間を超えた残業は法律違反!……131

③ **会社命令で「年5日」有休を取らせる**……134

社員に「年5日」有休を取らせる義務……134

有休消化率を100%にしてはいけない理由……135

課長職以上に「連続9日間」の長期休暇……137

ダントツ社長の告白

株式会社テイル(お好み焼・鉄板焼「きん太」を展開／京都府)**金原章悦**社長
「7日間連続休暇」で8年連続右肩上がり成長!……140

④ 生産性を上げる施策❶
デジタル化──バックヤードのデジタル化で残業激減!……142

労働時間を減らして、売上を上げる方法……142

残業代「年間2億7700万円」削減!
ライバルに勝つための「お金」と「ツール」……144

たった1日で、稟議の50%が決裁できる理由……146

バックヤードはデジタル、人との接点はアナログ……147

⑤ 生産性を上げる施策❷

社員教育──社員の学習意欲は、お金で釣る……148

社員教育の6つの誤解……148

ダントツ社長の告白

株式会社サンエー（貨物の輸送、倉庫業、物流関連の業務請負事業など／滋賀県）
奥村伸一社長
真実は現場にしかない……158

⑥ 生産性を上げる施策❸

評価制度──残業時間減で浮いたお金を社員に還元……159

「残業時間減→可処分所得増」で退職者激減!……159

ダントツ社長の告白

株式会社テルズ＆クイーン（エステティックサロン「シェアラ」展開／石川県）
鈴木一輝社長
人事評価制度を整え、社員のやる気をお金で釣る……161

⑦ ## 人事異動「8つ」のメリット……162

人事異動を繰り返すと、組織は活性化する……162

ダントツ社長の告白

株式会社小田島組（土木工事・舗装工事などの公共事業／岩手県）
小田島直樹社長
お金よりも大切な財産とは?……166

第3講まとめ【小山の経営公式66】	169
露天風呂で裸の本音トーク❸ 年を取っても歌舞伎町でモテる方法	170
わが社の経営ノート 第3講「人材育成」	174

第4講 ドロドロ解決法

① 社内不倫のドロドロ
社内不倫を見つけたら、
社員に厳罰を与えるのが正しい……176
社内不倫が発覚したら、1年間賞与なし……176
不倫社員を公開処刑にした理由……178
なぜ、不倫現場を押さえられるのか……178
不倫と"認定されない"食事の仕方……179

② 借金返済のドロドロ
借金を抱えている社員に、
社長はお金を貸してもいいのか?……181
社員にお金を貸しても、根本的な解決にならない……181
仲間を助けたいけれど、自分が損するのは嫌……182
借金が年収額を超えた社員は、助けられない……183
金融業者に「お金を返さない」のも一つの解決策……184

③ 事業承継のドロドロ
中小企業は、社長が株を「独り占め」するのが正しい……185
「社長の椅子」と「オーナーの椅子」では、どっちが上?……185
中小企業では「所有と経営」を分離させない!……186
事業承継は「会社法」で考える……187
株は社長が独り占めせよ……188

ダントツ社長の告白
丸栄運輸機工株式会社(生産設備の運搬・移動・設計製作/富山県)**高木裕**社長
事業承継後の1年間は、「何もしない」ほうがいい理由……190

④ クレーマーのドロドロ
クレーマーとは断固戦う! 泣き寝入りはしない……191
クレーマーの対処法を経営計画書に明記……191
クレーマーの弱点を徹底的に攻め続ける……193

ダントツ社長の告白

アドレス株式会社（不動産の売買·仲介／福島県）**高尾昇**社長
ある日突然、辞めた元社員から
「残業代を払え」と内容証明が!……195

第4講まとめ【小山の経営公式66】	199
露天風呂で裸の本音トーク❹ 3月3日に貯金33円で結婚した私は、どうやって資金を捻出したか?	200
わが社の経営ノート　第4講「ドロドロ解決法」	202

第5講　一問一答オープン質問会 203

質問1 社員の奥さんが、会社の飲み会を嫌がるのですが、
どうしたらいいでしょうか?……204

質問2 金利がもったいないので、「繰り上げ返済」をしてもいいですか?……208

ダントツ社長の告白

ランドマーク税理士法人（相続税申告専門の税理士事務所／神奈川県）
清田幸弘代表
借金経営で売上9億円から24億円へ!……212

質問3 どうすれば、応用力や発想力が身につきますか?……213

質問4 退職金制度はつくったほうがいいですか?……222

質問5 実力不足の部長を降格させるか否か?……224

質問6 借金に苦しむ27歳社員を更生させる方法は?……226

質問7 営業担当へのコミッション額はいくらが妥当か?……227

質問8 残業を減らしても、社員の可処分所得を減らさないしくみを
教えてください……229

質問9 社員との飲み会を「キャバクラ」でやってもいいですか?……232

質問10 環境整備は「毎朝30分」ではなく「毎朝20分」でもOK?……234

質問11 各事業所の数字を管理したいのですが、
何から始めたらいいでしょうか?……237

質問12 給料の前借りはいくらまでならOK?……239

第5講まとめ【小山の経営公式66】	241
露天風呂で裸の本音トーク❺ 武蔵野社員のおバカ列伝	242
わが社の経営ノート　第5講「一問一答オープン質問会」	245

第6講 社長のお金の使い方 247

お金には、「生き金」と「死に金」がある……248

- 問題1　次の3つの会社のうち、銀行が一番融資をしたいのはどれでしょう？……249
- 問題2　中小企業は、次のどの銀行から融資を引き出すべきか？……249
- 問題3　M&Aを行う場合、買取金額をどのように決めるのが正しい？……250
- 問題4　「銀行振込」と「手渡し」、社員に賞与を渡す際、社員のやる気を引き出せるのはどっち？……251
- 問題5　あるパートさんが、「会社のことが嫌い」で退職することになりました。この人にどんな退職祝いのプレゼントを贈るべきか？……252
- 問題6　かつて私が自宅を購入したときのことです。手元資金がほとんどなかった私は、それでも1億円以上する物件を「現金」で購入しました。どうやって購入資金を集めたのでしょうか？……254
- 問題7　消費税の増税前と増税後、「家を買う」なら、どっちがお得？……255
- 問題8　飲食店の支払いは、クレジットカード？　それとも現金？……256
- 問題9　当社の管理職は、「部下を持つラインの長」と、「部下を持たないスタッフの長」の2つの長がいます。部下を持たない管理職にも、管理職手当を払ったほうがいいと思いますか？……257
- 問題10　賞与の分配に関する問題です。会社の業績がよいとき、幹部と一般社員では、どちらを優遇したほうがいいでしょうか？……258
- 問題11　次の3人の社員のうち、最も出世するのはどの社員でしょうか？……259
- 問題12　次の2つの「事業」を比べたとき、どちらが優良事業でしょうか？……260
- 問題13　事業承継の対策を取るなら、どのタイミングでしょうか？……260
- 問題14　月収1000万円の人ひとりと、月収10万円の人9人で成り立っているマーケットがあります。このマーケットでは誰をターゲットにどの商品を売ったほうが、利益が出るでしょうか？……261

● 問題15　新しく事業部を立ち上げたため、駅前に事務所を借りることになりました。次のどちらのビルに入居したほうがいいでしょうか?……263

● 問題16　パートさんを集めて忘年会をするとき、パートさんが喜ぶのは次のうちどっち?……264

● 問題17　私は高級ブランドに興味がありません。服やかばんは機能重視で見た目はどうでもいい。こだわりがあるとしたら、財布を買う時期です。私はいつ、財布を買っているでしょうか?……265

● 問題18　当社は年2回、パレスホテル立川に全従業員を集め、政策勉強会を開催しています。会場を確実に押さえるために、私はある決定をしています。次のうちどれでしょうか?……266

● 問題19　キャバクラで遊ぶとき、次のどちらの遊び方が「会社経営」にも役立つと思いますか?……267

第6講まとめ【小山の経営公式66】	269
露天風呂で裸の本音トーク❻ 社長の元気が会社の元気	270
わが社の経営ノート　第6講「社長のお金の使い方」	274

第7講　早朝勉強会実況中継

「早朝勉強会」を実施して、価値観を揃える……276

【業界横断的に効果実証済】
小山の経営用語解説……278

【色】……278　　【器】……279

【売上単価】……280　　【売上不振】……281

【運】……281　　【営業】……282

【営業マン】……282　　【ABC分析】……283

ダントツ社長の告白
株式会社タナカ工業（プラントメンテナンス、レーザー加工、機械加工／山口県）
田中健一社長
社長のトップ営業こそ、業績回復の切り札……284

【宴会】……285　　【援助】……286

【お金の決済】……287　　【お金の棚卸し】……288

【お中元・お歳暮】……289　　【おとり商品】……290

【お見舞い】……290　　【おもいきり】……291

【親心】……292　　【オリジナル】……293

【恩】……294　　【会社】……295

【外注】……295　　【回転】……296

【買う】……296　　【革新】……296

【確認】……298　　【過去】……298

【価値】……299　　【活性化】……300

ダントツ社長の告白
三洋住宅株式会社（注文住宅、リフォーム、不動産仲介／和歌山県）
上野山喜之社長
能力や実力の近いもの同士で組織をつくる……302

【活力】……303 　　　　　【勘】…… 304

ダントツ社長の告白

株式会社関通（物流倉庫、物流アウトソーシング、発送代行／大阪府）**達城久裕**社長
短所には目をつぶり、長所をさらに伸ばす効用……305

【考える①】……306 　　　　【考える②】……306

第7講まとめ【小山の経営公式66】	308
わが社の経営ノート　第7講「**早朝勉強会実況中継**」	309

巻末プレミアム

「小山の経営公式66」（第1講〜第7講）……311

18年連続増収&750社超指導の
経営のカリスマがひた隠しにしてきた
「門外不出の超高額セミナー」を
本邦初公開!

「1日36万円のかばん持ち」を
上回る高額セミナーが存在した!

　私は、株式会社武蔵野（東京・小金井市）の社長をしています。

　事業は大きく2つ、ダスキンのフランチャイズ事業と経営コンサルティング事業です。

　私が他の社長と違う点は、現役社長（従業員800名超）でありながら、中小企業の指導をしていることです。その数750社超。北海道から沖縄まで、業種も実にさまざま。流氷とヒグマで有名な知床半島にも指導に行っています。

　そんな当社も、かつてはひどいありさまでした。

　暴走族上がりの社員ばかりで、警察沙汰になることもしょっちゅう。今にも倒産寸前という状況で私が社長に就任したのは、1989年。12月29日に日経平均株価の史上最高値「3万8915円」をつけたバブル絶頂期でした。

　しかし、翌年にバブル崩壊。その後も阪神・淡路大震災（1995年）、アジア通貨危機と山一證券倒産（1997年）、ITバブル崩壊（2000年）、

1

アメリカ同時多発テロ事件（2001年）、リーマンショック（2008年）、東日本大震災（2011年）、2度にわたる消費税増税（2014、2019年）、そしてコロナショック（2020年）……。昭和の終わりから平成、令和へ劇的に変わる環境のもとで30年以上、経営の第一線で自社と他社のあらゆる修羅場を経験してきました。

社長就任時の売上は7億円でしたが、おかげさまで75億円（2018年度）となり、18年連続増収となりました。

類い稀なる落ちこぼれ集団のわが社が唯一勝てること。それは「環境整備」（朝30分の掃除）しかないと決め、勤務時間中に社長含む社員全員で愚直に環境整備をやり続け、徐々に会社を変えていきました。

すると、信じられないことが起こりました。

2000年度と2010年度に、日本で初めて「日本経営品質賞」を2回受賞したのです（日本経営品質賞は、経営品質の向上を目的に公益財団法人日本生産性本部が主催する企業表彰制度）。

その後、新卒採用に力を入れ、2017年にはJR新宿駅徒歩15秒のJR新宿ミライナタワー10階に、富士山が見渡せるセミナールームを構えました。

それが功を奏し、「楽天 みん就」2021年卒インターン人気企業ランキング「コンサル・シンクタンク部門」第5位にノミネートされました。弱小集団の我々がベスト5に入ることなど、今から30年前には想像すらできませんでした。

東京経済大学を"9年"かけて卒業した落ちこぼれ経営者の私が、なぜ、自社だけでなく他社指導でも実績を上げ続けているのか？

多くの社長はそれが気になってしょうがないようです。

そこで、2001年に「経営サポート事業部」を立ち上げ、「サポート会員（各社長）」へ座学と現場の指導を続けています。

　その中の大人気プログラムが、**「かばん持ち研修」**です。

　この研修は、早朝（５時50分）の出迎えから夜の懇親会（飲み会）まで、小山昇のかばんを持ちながらあらゆる場面に同行し、経営者としてのあり方を体得する３日間の研修です。

　研修費用は**３日間で110万円**（税込）。１日の研修費用は、**約37万円**です。

　そして、かばん持ち研修の臨場感を１冊に凝縮したのが、ベストセラーとなった拙著『１日36万円のかばん持ち』でした（Amazonランキング大賞 2016上半期「ビジネス・経済」ベスト10入り、紀伊國屋書店2016年上半期「ビジネス」ベスト20入り）。

　かばん持ち研修は、表向き、武蔵野最高額のセミナーとされています。
　ここであえて"表向き"と断った理由があります。
　実は当社には、かばん持ち研修よりもさらに高額なセミナーがあるからです。
　この"超"高額セミナーは、**一般には公表されていません。**
　このセミナーへの参加が許可されるのは、一定条件を満たした**12名の経営者のみ**。この**超クローズド・超シークレット・超高額セミナー**こそ、本書で初めて公開する「実践経営塾　箱根プレミアム合宿（以下、プレミアム合宿）」です。

合宿費用は、いくらだと思いますか？

２泊３日で165万円(税込)。

１日の研修費用は、かばん持ち研修を上回る「**55万円**」なのです。

┃ 座学より1対1! プレミアム感たっぷり

　当社が提供する「実践経営塾」は、経営者を対象とした基幹セミナーです。

実践経営塾

　経営計画書の作成方法から環境整備のノウハウまで、15年かけてつくり上げた武蔵野のしくみのすべてを凝縮。実際に手を動かして、経営計画、長期計画、資金運用計画を作成。マネジメントの視点が180度変わる経営者限定のセミナー

　この実践経営塾の内容にさらに付加価値をプラスした特別セミナーが、**プレミアム合宿**です。
　プレミアム合宿は、私と参加者の面談（相談）時間を軸に特別プログラムが組まれています。

実践経営塾　プレミアム合宿

　2泊3日・165万円（税込）の超高額セミナー。年6回開催、1回12名限定。箱根の高級ホテルに全員で宿泊。座学よりも「個別面談」や「質問会」を充実させるから、お客様の満足度が高い。

　参加者個々の経営課題、問題、悩みに対して、小山昇が直接解決策を指導。通常の実践経営塾とは異なり、講師は**小山昇ひとりだけ**

　プレミアム合宿では、私と12人の社長（経営サポートパートナー会員、以下サポート会員、その中でも選抜組）が、3日間、高級ホテルに宿泊して朝から晩までともに食事し、酒を飲み、**露天風呂に入り、同じ時と場所を共有**します。

　しかし、あなたは、こう思いますよね？

　なぜ、2泊3日で「165万円」もの大金を払う人がいるのか？

　それは、「多忙な小山昇に、誰にも相談できないドロドロの問題を、芦ノ湖を眺めながら、じっくり気のすむまで質問できる」からだと思います。

現場は小説より奇なり！
全国から"事件"の数々

参加者から寄せられる相談・質問は、実に切実。
社内の人間には絶対に相談できないことばかりです。

日本には359万社あるといわれていますが、うち99.7％（約357.8万社）が中小企業です（「中小企業白書2019」）。

　しかし、中小企業の社長に経営の「実務」をきちんと教えてくれる先生は皆無です。

　大半の社長は誰にも相談できず、ひとりで悶々と悩みながら、行き当たりばったりの経営をしています。

　これでは、まさかと思うような事件やコロナショックのような激震に見舞われたとき、まったく対処ができない。ただただ無力です。

　私のところには、全国の社長たちから、次のような"痛烈な悲鳴"が、日々刻々寄せられます。

実に生々しくドロドロした"解決不能"としか思えないトラブルに出くわすと、多くの社長はあわてふためき、頭が真っ白になります。

そんなとき、私は「こうしろ」「ああしろ」「そうしろ」と**具体的な解決策**を提示して社長たちを驚かせます。

┃ なぜ、多くの社長が ┃ 「165万円は安い」というのか?

なぜ、多忙な社長が、わざわざ箱根まで、これだけの大金を払って参加するのか。

それは、プレミアム合宿に参加すると、「誰にも相談できなかった会社のドロドロ、社員のドロドロ、社長自身のドロドロ」が解決できる。それが骨身にしみてわかっているから、社長たちは口々に、

「165万円は安かった」

というのです。

社長の悩みを実務レベルで解決できるのは、私が**現場・現物・現実を重視する「現役社長」**であり、武蔵野を**18年連続増収、サポート企業の5社に1社は過去最高益、倒産企業ゼロ**に導いた実績があるからでしょう。

私の指導は極めて具体的で、他の経営コンサルタントから「型破り」といわれています。

一般的なコンサルタントの指導は、理論先行で実践がともなっていないことが多い。コンサルタント自身、社長業をやったことがない人がほとんどだからです。

私の指導が決定的に違うのは、18年連続増収の実践ノウハウを武器に、

売上や利益アップなどのアドバイスだけでなく、**人間関係のドロドロしたものまで一気に解決**してしまうからです。

┃「8年連続10%成長」の飲食店と
┃売上10倍でマザーズに上場した物流界の革命児

　この本では、プレミアム合宿に参加した数々のダントツ社長を紹介しています。

　京都・大阪・奈良・愛知県などでお好み焼・鉄板焼店「きん太」を展開する株式会社テイルの金原章悦社長は、私と他のコンサルタントとの違いをこう表現しています。

　「小山社長の前に、他のコンサルタントに師事していましたが、費用ばかりかかって、まったく成果に結びつきませんでした。

　知識は身についても、それをどう生かせばいいのか、具体的な指導がなかったからです。

　一方、小山社長は、武蔵野という会社の現役社長です。現場・現物・現実で常に結果を出し続けている経営者で、説得力がまったく違う。

　正直、以前のコンサルタントよりかなり費用が高かったのですが、その分、会社も大きく成長。厳冬の飲食業界で**8年連続10%成長**ですから、結果的には全然安い！　たとえるなら小山さんの指導は"高速道路"。高速道路は有料ですが、早く目的地に着ける。通行料をケチって一般道だけでは時間がかかるし、道にも迷う。ライバルにも時代の変化にも置いていかれる。そう思うと、小山さんに直接学べるプレミアム合宿はまったく割高ではないんですよ」

　さらに、『日本一女性を育てる会社』の著者で、エステティックサロン「シェアラ」を展開する株式会社テルズ＆クイーンの鈴木一輝社長

は、「プレミアム合宿と実践経営塾の違いは、"ゆるさ"にある」といっています。

「実践経営塾は、大勢の前で小山社長が講義をします。そのときの小山社長は"俺に近づくなよ""意味なく俺に話しかけるなよ"といった厳しいオーラを出しているから、とても話しかけにくい。

　でも、プレミアム合宿の小山社長は、いつもよりゆるゆるな感じなので声をかけやすい。小山社長が突然、『**実はキャバクラ嬢から結婚を申し込まれたことがある**』とか、『実は探偵に尾行されたことがあったが、それに気づいて探偵を逆にとっちめてやった。そいつ、20年間、探偵をしていたけど、**見つかったのは初めて**だったといっていた』とか、『**"実は"は実話**。本当のことだからしょうがない』と笑いながら面白い話をしてくれる。だから僕も気兼ねなく、会社のことも、自分のことも、家族のことも、洗いざらい相談できるんです」

　2019年に楽天と資本業務提携契約を締結。2020年３月に東証マザーズに上場。驚異の物流会社「株式会社関通」の達城久裕社長もこんな話をしています。

「プレミアム合宿は面談中心なので、１対１、フェイス・トゥ・フェイス。これまで４回参加しましたが、小山社長がいうことをそのとおりやったら本当にうまくいくので、素直に実践するようにしています。

　小山社長と出会った当初の売上は７億円でした。でも、現在は**73億円**に伸びています。**東証マザーズへ上場**できたのも、いわれたことを愚直に実践してきた結果だと思います」

壁をつぶして、実務を変えろ

プレミアム合宿に参加する社長は、実務を変えようという意識が強い。だから業績がいい。

どれほど勉強しても、どれほどアドバイスをもらっても、実務を変えない限り、業績は絶対に上がりません。

「こうしろ」といわれたら素直にやってみる。今までと同じやり方、今までと同じ考え方を続けている限り、今までと同じ成果しか出ないのは当然です。

工業用資材の専門商社「株式会社キンキ」の長谷川哲也社長は、成熟産業ながら大きく業績を伸ばしています。

「小山社長には、これまでに２回、『**壁をつぶせ**』といわれました。

１回目は、『事務所の壁をつぶしてもっと広くしなさい』

２回目は『月に２、３回しか使わない商談室なんて必要ないからなくせ。壁をつぶして作業スペースを広く』といわれました。

一瞬、なんてことを！　と思いました。

なにせ壁を取り壊すのに100万円以上かかります。

でも、壁を取り払ってみたら、作業場が広くなり、社員からも『仕事がしやすくなった』と大好評。生産性が上がり、今では取り壊し費用以上の利益が出始めています。社員は『よくぞ壁をなくしてくれた』と非常に喜んでいます。小山社長に『こうしろ』といわれたら、返事は『ハイ』か『イエス』か『喜んで』のどれか。

小山社長のアドバイスには、時間もお金もかかるものがありますが、全部受け入れてきたからこそ、当社は伸びた。その事実は間違いありません」

黒字なのに「1万円で売れ」と
いった理由

福島県いわき市にある地域No.1の不動産会社「アドレス株式会社」の高尾昇社長もこういっています。

「当社は不動産会社ですが、実は今から数年前に介護の会社を立ち上げたことがあります。高齢化社会を見越してでしたが、もう一つ目的がありました。事業が軌道に乗ったら、いつか娘に継がせようと思っていたのです。

5年で6000万円ほど投資し、機能訓練型のデイサービスを2店舗つくりました。開業して4年目にようやく黒字になり始め、『よし、これから』と意気込んでいたとき、思いもよらないことが起きました。

娘が私に内緒で『株式会社武蔵野』の採用面接を受け、内定をもらってきたのです（笑）。

プレミアム合宿の面談で小山社長に、『娘は武蔵野の社員になりましたけど、介護事業は500万円の経常利益が出るようになり、ようやく黒字化できました』と報告をしたら、小山社長は何といったと思いますか？

『バカ、そんな会社、売れ！

高尾さんはそんな会社に愛情があるわけない。あなたの愛情が向いているのは会社ではなく娘のほう。だから売ったほうがいい。それに介護の仕事はあなたには向いていない』

黒字にしたことをほめてもらえると思っていた私が
浅はかでした。

　『では、いくらで売ったらいいです
か？』と尋ねたら、さらに驚くべき
返事が返ってきました。

『1万円で売れ』

　小山社長に『こうしろ』といわれ
たらやるしかない。『1万円』で売りに
出すと、買取先の社長が『さすがに1万円
では申し訳ない』と1500万円も上乗せし
て、結果的に『1501万円』で買ってくれ
ました。

　普通の経営コンサルタントなら『黒字の会社
を手放せ』とは絶対にいわないでしょう。でも小山社長は、私の性格、
能力、地域性などを考え、『売ったほうがいい』といった。結果的に小
山社長の判断は正しく、あのまま介護事業を続けていたら、本業の不動
産業がおろそかになっていたはずです」

　高尾社長の娘である高尾友美課長は2020年6月まで当社の社員でした
（現在はアドレス株式会社の社員）。**事実、父親に内緒で武蔵野に応募し
てきて、**私も高尾社長の娘だとは知りませんでした。初対面のとき、娘
の高尾さんは私にこういいました。

「私の父が小山さんの前で『ハイ』と返事をしているのを見て、びっく
りしました。父の口から『ハイ』という単語を初めて聞きましたから
（笑）」

子どもの前では「ハイ」といえない頑固おやじでも、私の前ではとても素直になる。そして、**嫌々ながら仕方なく実務を変える**。

そのかいあって、アドレスは、**地域で一番の業績を挙げている**のです。

▋ 凡人の中の最高を極めよ

プレミアム合宿は、私と12人の経営者が心を開き、腹を割って互いに成長し合う場。寝るとき以外はみんなで時と場所を共有する３日間です。

１日目と２日目の午後３時30分〜５時は、「お風呂で相談タイム」です。

全員が裸になって露天風呂に入る。社長が私を囲み、悩みを打ち明ける。

普段は、「こんなことを相談したら恥ずかしい」「こんな悩みを他の社長に聞かれたくない」と思っていても、裸になるとみんな小さなプライドをどんどん脱ぎ捨てるようになる。そして、悩みを打ち明けると、問題解決できないほうがよほど恥ずかしいことに気づきます。

本書の編集者であるダイヤモンド社の寺田庸二編集長（取材当時、副編集長）と本書の構成を手伝ってくださった藤吉豊さんも、私たちと一緒に露天風呂に入りました。

22年間、単行本ひとすじの編集者も、さすがに著者と風呂に入ったのは初めてだそうです。**まさに包み隠さず"丸見え状態"でつくった**のが本書です（笑）。

コロナショックの中、数々の社内改革で業績を伸ばし続けている株式会社小田島組（岩手県・建設）は地方の建設業界の風雲児です。

2008年６月期の売上は７億2800万円、経常利益は700万円、流動比率

は254％、従業員は31人でした。

　それがどうでしょう。2019年6月期は売上39億200万円、経常利益1億3300万円、流動比率671％、従業員114名と驚異的な成長を遂げています。

　小田島直樹社長は、「小山社長と一緒に脱衣所でフルチンになりながら、経営者としての大切なことを教わった」と話しています。

「あるとき、小山社長が『**凡人の中の最高を極めたい**』といいました。そしてこう続けたのです。

　『世の中には天才がいる。それは認める。以前、孫正義さんの講演を聞いたが孫さんは天才だ。俺とはまったく違う。俺は凡人だから孫さんにはなれない。だから、**努力で到達できる最高の場所を目指したい**。もし、小田島さんが経営の天才を目指すなら武蔵野で学んでも無駄だ。けれど、**最高の凡人になりたいなら、俺にも教えられることがある。俺は、凡人にできることしか教えないから**』

　小山社長は余計なことは一切いわないし、一方的に意見を押しつけることもない。その社長のレベルに合った回答をする。正直に相談すれば、親身になって解決策を示してくれる。

　なぜ、多くの社長が165万円を払ってまでこの合宿に参加するのか。『最高の凡人』小山社長に少しでも近づきたいからではないでしょうか」

門外不出のカリキュラムをついに蔵出し！ 新時代の「経営の教科書」

　プレミアム合宿の内容は「刺激が強すぎるし、ドロドロすぎるし、効き目がありすぎる」という理由から、これまで一切封印してきました。書籍化するつもりはまったくなかった。だが、この本の編集者は本当に

しつこい。

「どうしても本にさせてほしい」と、断っても断っても何度もしがみついてくる。そのたびに私は、ことごとく首を横に振ってきました。

しかし、今回、私は書籍化に踏み切りました。

2019年度の倒産件数は8480件（前年度比5.3％増）。中でもいわゆる**「人手不足倒産」は194件（前年度比14.8％増）で6年連続増加**。「後継者難倒産」は479件（前年度比14.0％増）で2年連続増加しています（帝国データバンク調べ）。

さらに2020年2月からのコロナショック、および4月7日の緊急事態宣言発令（5月25日解除）により、全国の経営者が生きるか死ぬかの瀬戸際で苦しみ続けています。

この状況に鑑み、今こそプレミアム合宿の全ノウハウを開陳しようと決意しました。

ただ、サポート会員にはコロナショックで売上が下がらないどころか、逆に上がっている会社も多い。この逆境を契機に、今までの仕事のやり方を徹底的に見直し、生産性が劇的に向上しています。そして武蔵野の社員も元気で明るく楽しく働き、日々進化しています。

正直、今の私には**夢**と**希望**しかありません。

国難のときほど、打つ手は無限。やるべきことはたくさんある。その理由は次のプロローグで明かしましょう。

経営者はどんな環境でも会社をつぶしてはいけません。

社員や家族を絶対路頭に迷わせてはいけない。

ぜひ本書を、**決して人には聞けない現場のドロドロ問題解決**に役立て

てください。

　この本には、社長１年目からベテラン社長まで、「これだけは経営者として絶対に知っておいてほしいこと」を凝縮しました。興味のあるところから読み進めてください。気をつけたのは次の基本方針です。

◎ 講義の「臨場感」をそのまま凝縮すること

◎ これまで掲載できなかったきわどい質問も
　そのまま収録すること

◎ どの業種でも使える経営の教科書として
　再現性があること

　明けない夜はない。やまない雨もない。
　先が見えない出来事をネガティブにとらえることなく、会社を変える千載一遇のチャンスとポジティブにとらえ、一緒に前進していきましょう。
　本書が、多くの会社の「実務」を変える起爆剤となれば、著者としてこれほどの喜びはありません。
　末筆になりましたが、本書の企画を粘り強く提案し続けたダイヤモンド社の寺田庸二さんと執筆のお手伝いをしていただいた藤吉豊さんに、心からの感謝を申し上げます。

株式会社武蔵野
代表取締役社長
小山　昇

門外不出の経営ノート

プレミアム合宿のスケジュール

- 【第1講】 経営計画
- 【第2講】 事業構造
- 【第3講】 人材育成
- 【第4講】 ドロドロ解決法
- 【第5講】 一問一答オープン質問会
- 【第6講】 社長のお金の使い方
- 【第7講】 早朝勉強会実況中継

講義末に3大特典

【特典1】 小山の経営公式66

→武蔵野以前を含め40年以上の社長歴があり、現在も「社長の先生」として750社超の経営指導を続けている「経営の要諦66」が詰まった公式を掲載。巻末にもまとまっているので、これだけ見ても復習に最適。

【特典2】 露天風呂で裸の本音トーク

→人間、裸になればこそ共有できる悩みがある。「悩みは一生の友」「解決できない悩みはない」と豪語する小山昇が12人の悩めるダントツ社長と露天風呂で本音トーク。きわどいトークも多数満載。

【特典3】 わが社の経営ノート

→「わが社の経営ノート」に気づきをどんどん書き込むことで、悩みが見える化され、課題が炙り出される。すると次のアクションが明確になる。

戦後最大の危機でも
絶対に会社をつぶさない方法

社長43年で初の減収!
脅威の「新型コロナウイルス」

　私は、大学時代に株式会社武蔵野（創業時の社名は、日本サービスマーチャンダイザー）でアルバイトを始め、途中から社員になりました。

　学生と社員の二足のわらじを履き、それ以上に麻雀が忙しく、東京経済大学を9年かけて卒業しました。

　27歳のとき、創業社長の藤本寅雄とケンカをして武蔵野を辞め、株式会社ダスキン（本社）の社員を経て、「株式会社ベリー」という貸しおしぼりの会社を設立しました。これが29歳のときです。

　その後、藤本から「武蔵野に戻って、会社を手伝ってくれないか」と頼まれ、今度はベリーと武蔵野の二足のわらじを履くようになった。藤本が亡くなった後は、ベリーを**1億円**で売却して武蔵野の専務になり、その1年後（1989年）に武蔵野の社長に就任しました。

　私はこれまで43年間社長を務め、2019年度まで会社が減収になったこと（売上が前年を下回ったこと）は一度もありません。すべて増収でした。

19

しかし、**社長になって43年目に初めて減収を味わう**ことになった。その引き金となったのは、折からの「新型コロナウイルス感染症の拡大」です。

2020年2月から拡大を続ける新型コロナウイルスの影響により、倒産する企業が増加しています。

帝国データバンクが全国2万3668社を対象に、2020年4月に行った調査によると、88.8％が「マイナスの影響がある」と回答したと報じられています。

特に資金力の弱い中小企業は、今後倒産リスクが急増することが予測され、新型コロナウイルスによる経済的影響は「リーマンショックを超える」でしょう。

わが社も例外ではなく、パンデミック（世界的感染）の影響をもろに受けています。

武蔵野はダスキン事業を基盤とし、中小企業の経営サポート事業（セミナー事業）を行っています。どちらの事業も、「3密（密閉、密集、密接）」は避けられないため、通常どおりの事業継続は困難です。

お客様と従業員の安全を最優先に考え、「外出自粛」と「接触機会の低減」を徹底した結果、収益は急減しました。

リスクマネジメントの3つの原理原則

"戦後最大の危機"ともいうべき新型コロナウイルス感染拡大が経済に及ぼす打撃の大きさに、警鐘を鳴らす専門家は少なくありません。

安倍晋三首相も「経済は戦後最大の危機に直面している」と強調しました。

しかし、「戦後最大の危機」にも、「武蔵野初の減収」にも、「リーマンショックを超える影響」にも、**私はまったく悲観していません**。武蔵野はビクともしない。

なぜなら、リスクマネジメントの原理原則に基づき、**「何があってもつぶれない会社づくり」**をしてきたからです。

【リスクマネジメントの3つの原理原則】
① **不測の事態こそ、事業構造を変えるチャンスである**
② 経営は、現金に始まり、現金に終わる
③ 会社は社長の決定で99％決まる

❶ 不測の事態こそ、事業構造を変えるチャンスである

中小企業にとって、新型コロナウイルスは最大のピンチです。でも、会社が飛躍する最大のチャンスでもある。武蔵野には今、**夢と希望**しかありません。

不測の事態に陥ったとき、経営者はおおむね、2つのタイプに分かれます。

一方は、「企業努力だけではどうにもならない」と悲観的にとらえるタイプ。

もう一方は、私のように「**今こそ会社を変えるチャンス**」と前向きにとらえるタイプです。

プラスの事柄とマイナスの事柄があると、多くの人はマイナスの事柄に気持ちを奪われます。

しかし、私の思考は**逆**です。

プラスとマイナスがあったなら、マイナスは目をつぶって捨てる。そして、「どうやったらできるか」とプラスに考える。「さぁ困った、どうしよう……」と嘆いたところで、事態が好転することはありません。

私がピンチに見舞われてもうろたえないのは、**現在の悩みや失敗や困難が、将来、大きな財産に変わる**ことを知っているからです。

困難は、新たなしくみをつくる「大きなヒント」をくれます。

困難は、**今までのやり方を捨てられるチャンス**です。

新たなことにチャレンジできるチャンス、新たな価値を創造するチャンスなのです。

私たちに、新型コロナウイルスを駆逐することはできません。けれど、アフターコロナを見据え、新しいアイデアを生み出すことはできます。

感染終息をただ待つのではなく、今から備えておくことが大切です。

自粛とは、何もしないことではありません。従来どおりの業務を行うのが難しいなら、別のやり方を模索すればいい。在宅でもできることは山ほどある。

当社は「緊急事態宣言」発令期間中に、**新規事業と新規事業部を立ち**上げました。また、会社始まって以来の**大規模な人事異動（正社員280人中126人が異動）**も実施しています。

すべては、「**未来に大輪の花を咲かせる**」ための取り組みです。

❷ 経営は、現金に始まり、現金に終わる

新型コロナウイルスの影響で武蔵野の今月の売上が、「ゼロ」になったとします。来月もゼロ、再来月もゼロ……と「ゼロ」が続いたとしても、私は決して**人員削減や減給に踏み込みません**。

極論すれば、「**売上ゼロ**」の状態が1年続いても、当社は、「**今と同じ額**」の給料を社員に払い続けられます。

この非常事態でも社員が明るいのは、雇用が（給料が）守られているからです。社員はみんな、「武蔵野は何があっても倒産しない」ことがわかっています。

売上ゼロでも給料が減らないのは、当社が「**現金**」を持っているからです。

リーマンショック直後、多くの老舗企業が「**黒字倒産**」しました。

いいですか。「赤字」だから倒産したのではありません。

このとき、多くの会社が売掛金や棚卸資産の増加で資金繰りが悪化しました。

黒字でも会社が倒産するのは、**現金がないから**です。

経営は、現金に始まり、現金に終わる。
お金は、会社の血液です。

会社が赤字でも、現金が回っていれば、会社は倒産しません。

経営で一番大切なのは、**利益を出すことではなく「現金を回すこと」**です。

今回のような不測の事態に対応するには、いかに現金を持っているか

が勝負です。

　現金を確保するには、銀行融資が欠かせません。
　多くの社長は、「銀行から借金してはいけない」と考えていますが、これは**大きな間違い**です。

　中小企業にとって、借金は「**すべきもの**」です。
　銀行からお金を借りて「**緊急支払能力**」を高めておけば（目安は**月商の３倍以上の現金・普通預金額**）、ありえない事態に直面しても、動じることはありません。
　コロナショックでも、社員への給料保証ができたのは、お金が十分にあったからです。

　私とサポート会員の社長は、「**会社がつぶれない保険**」に加入しています。
「そんな保険なんか、あるはずないだろ！」
　といわれるかもしれません。
　確かに、そんな保険は、日本中、探しても売っていません。
　でも、私は、

「銀行融資は、会社を守る保険に入るのと同じだ」

　と思っています。

　多くの社長は、「金利を払うのは無駄だ」と、銀行融資をためらっています。
　しかし金利は、「**会社が困ったときに助けてもらうための保険料**」で

あり、借金は「**会社が困ったときに受け取る保険金**」と考えを新たにしないといけません。

どの会社も、「火災保険」に加入しています。けれど、「火事になってほしい」と思って火災保険に入る会社は1社もありません。

どの社長も、「生命保険」に加入しています。けれど、「自分は亡くなってもいい」と思って生命保険に入る社長はひとりもいません。

「万が一」に備えて火災保険にも生命保険にも加入するのに、多くの社長が「会社を守る保険に入る」（銀行融資）ことをためらいます。

なぜなら、金利がもったいないから。「金利は無駄なお金」と考えるのは、「**金利＝月々の保険料**」「**借入金＝保険金**」という概念がまったくないからです。

当社が金利を払って、わざわざ「必要のない借金」を続けてきたのは、今回のような緊急事態に備えるためです。

現金は会社の明るさの象徴です。
明るくて強い会社をつくりたければ、何よりも**現金を持つ**ことです。
経営で肝心なことは「**経営は、現金に始まり、現金に終わる**」ということ。儲けるより**会社をつぶさない**ことが肝要です。

❸ 会社は社長の決定で99%決まる

　2011年に東日本大震災が起きたとき、サポート会員の中には、被災した社長もいました。

　震災直後、被災地の社長に手を差し伸べようと、私は「会員から義援金を募ろう」と考えました。

　実際、50社以上から義援金の申込があった。

　しかし私は思い直し、預かった**お金を返す**ことにした。

　なぜ返したのか。

「被災した社長に義援金を配ると、**その会社が絶対にダメになる**」

と気づいたからです。

　繊維産業はじめ、「糸へん」や「木へん」の産業が衰退していったのは、政府が補助金を出して保護したからです。この事実は歴史が証明しています。

　「新型コロナウイルス」関連の経営破綻は、もともと経営状態が厳しかった企業が多く、新型コロナウイルスが背中を押した格好です。

　苦しい経営状況に新型コロナウイルスが追い打ちをかけたのであって、「新型コロナウイルスが拡大したから経営が悪化した」と結論づけるのは早計です。

　自社の経営が思わしくないとき、大半の社長は、原因を外部環境に求めます。

　でも、それは**間違い**です。

　会社が赤字になるのは、外部環境のせいではありません。

　会社が赤字になるのは、**社長が「赤字でもいい」と決定**したからです。会社がつぶれるのも、**社長が「倒産やむなし」と決定**したからです。

　「そんな決定をする社長などいるわけないじゃないか！」

　と思われるかもしれませんが、経営環境が厳しいことがわかっていながら、有効な対策を取らなかったのは、「赤字でもいい」「倒産していい」と決定したのと同じです。

　国や地方自治体は、さまざまな中小企業支援策を打ち出していますが、補助金や助成金を受け取るときは、**長期的な展望**を持つべきです。

　目の前のお金に飛びつくだけでは、会社の体質を確実に弱くします。

　補助金が打ち切られたときに戦う術がないからです。

「今」をなんとかしのいだところで、地力のない会社は、早晩なくなってしまう。

　安易に公的な援助を受けると、経営が甘くなります。だから、社長が実力をつけていくしか生き残る道はない。

　中小企業は、**社長ひとりで99%**が決まります。会社を守れるのは、社長しかいません。

　会社を倒産させる社長は「**卑怯な社長**」です。
　なぜか。
　社員が結婚をしたり、子どもを育てたり、家を買ったりするのは、「この会社は倒産しない」と信じているからです。
　その信頼を裏切り、会社をつぶしてしまう社長は、「卑怯な社長」です。
　環境のせいにしない。「他責」で物事を考えない。誰かに頼らない。甘えない。
「何があっても会社を倒産させない」「何があっても卑怯な人間にはならない」という社長の強い覚悟がなければ、早晩、会社はつぶれてしまうでしょう。それほど事態は切迫しているのです！

　リーマンショック、東日本大震災、消費税増税、円高・円安、そして新型コロナウイルス感染症……。ここ数年、想定外の出来事の連続で、会社を取り巻く外部環境は過酷を極めています。
　しかし、先が見えない状況でも、社長は会社を成長させていかなければなりません。
　業績が悪いとしたら、それは世の中や社会や環境のせいではなく、「社長の責任」です。

苦しいときはあっても、苦しい人生はない。

夢は逃げない。逃げるのは自分です。

今がどん底でも、打つ手は無限

新型コロナウイルスは生半可な敵ではありません。長期戦を強いられます。

サポート会員の中にも、苦戦を強いられている社長は大勢います。

でも、どの社長も、決してあきらめていません。

「苦境の今こそ、事業構造を変える好機」ととらえ、知恵を振り絞り、汗をかき、死力を尽くして戦っています。

本書で紹介するのは、**絶対に会社をつぶさない「経営の原理原則」**です。

ピンチをチャンスに変える伝家の宝刀、とっておきのノウハウです。

事業構造を変えるヒントであり、銀行融資を引き出すヒントであり、「卑怯な社長」にならないためのヒントです。

会社が倒産するのは、赤字になったときではありません。

社長がすべてをあきらめたときです。

耐え忍ぶだけの経営を続けるのは、現状打破の糸口には絶対になりません。

ピンチは、考え方次第でチャンスに変わる。

たとえ今が「どん底」でも、**打つ手は無限にある**のです。

今がどん底でも打つ手は無限

第 1 講
経営計画

儲かる会社に変わる魔法の道具、それが「経営計画書」!

料理も会社経営も「道具」がキメ手

　おいしい料理をつくる料理人には、とっておきの調理道具があります。

　魚は鉈（なた）でも切れますが、刺身包丁を使ったほうが、薄く、キレイに、魚の筋（すじ）をつぶさないで切れます。

　刺身は極めてシンプルな料理ですが、それだけに包丁の切れ味が問われます。

　刺身の味、食感、見栄えは包丁で決まるのです。

　私は、会社経営も**道具次第で結果が変わる**と考えています。

　魚を切るのに刺身包丁が必要なように、強い会社、儲かる会社、黒字の会社、つぶれない会社、社員が辞めない会社をつくるにも道具が必要です。その道具が「**経営計画書**」です。

　【経営計画書】

　①方針、②数字、③スケジュールを１冊の手帳にまとめた会社のルールブック。社員が「どう行動すればいいか」迷ったときに、経営計画書の方針が道標（みちしるべ）となる。

　社員一人ひとりに常に携帯させ、経営方針や会社の価値観を浸透させる重要なツール。武蔵野の経営計画書は、「携帯してすぐに使える」ように、手帳型（B6変型サイズ）

---

❶ 方針……守るべきルール

「方針」は、社員が守るべきルールです。

人間心理を無視して経営をすると大きな禍根（かこん）を残します。

面倒なことはやらない、都合の悪いことはやらないのが、まともな社員です。

ですから、「面倒なことでも、都合の悪いことでも、やらざるをえないルール（＝方針）」を決定するのが社長の仕事です。

武蔵野は、環境整備に関する方針（→34〜35ページ）、車の運転の仕方、給料の決め方、お酒の飲み方までルールを決め、経営計画書に明記しています。

❷ 数字……目指すべき利益目標

社長は社員に「頑張れ」といいますが、何を、どう頑張ればいいのかがわかりません。

会社の利益が上がらないのは、「目標利益はこれくらい。そのためのルールはこう。だから、こういうふうに頑張ってくださいね」と説明もせずに、社員に行き当たりばったりの仕事をさせるからです。

したがって社長は、

・今期は、いくら利益を出したいのか？

・5年後、いくら利益を出すのか？

その目標を**数字で表現**することが大切です。

「具体的にする」とは「数字で示す」ことです。

武蔵野の経営計画書は、具体的な数字で明記されています（→36〜37ページ）。

1. 基本

❶ 仕事をやりやすくする環境を整えて備える。

❷ 「形」から入って「心」に至る。「形」ができるようになれば、後は自然と「心」がついてくる。

例）1番には1番の人が停める。5番には5番の人が停める。

1	2	3	4	5

形が揃うと、心が揃う。

❸ 環境整備を通して、職場で働く人の心をかよわせ、仕事のやり方・考え方に気づく習慣を身につける。

❹ 朝礼終了後、決められた作業を30分間行う。時間がズレても全員がやる。

2. 整理

❶ いるものといらないものを明確にし、必要最小限度まで、いらないもの・使わないものをとにかく捨てる。

3. 整頓

❶ ものの整頓

① 置き場を決め、名前・数字をつけて管理する。管理責任者を決める。

② 向きを揃える。置き方は、平行・水平・垂直とする。

③ 置き場所は、使用頻度・販売数量に応じて決め、定期的にその位置をチェックする。

④ 探す時間・戻す時間を減らす。

⑤ 徹底して技術を身につける。

4. チェック・改善

❶ 点検チェックシートを使い、毎サイクル、社長が先頭に立ってチェックする。社員も同行し、チェックする。

❷ 口はウソをつくが、形はウソをつかない。

❸ 直近3回の合計が350点以上の部門には、食事会・懇親会の補助をひとり2000円プレゼントする。翌月から3か月間、環境整備の時間は20分にする。

❹ チームが現実・現場に合わせて環境整備を強化する。

❺ チームが点検に関するチェック基準やルールを明確化する。

第○期　経営目標

1.売上高 ……………………… ○億○千○百万円

2.粗利益額 …………………… ○億○千○百万円

3.人件費 ……………………… ○億○千○百万円

4.経費 ………………………… ○億○千○百万円

5.販売促進費 ………………… ○億○千○百万円

6.減価償却費 ………………… ○億○千○百万円

7.営業利益 …………………… ○億○千○百万円

8.経常利益 …………………… ○億○千○百万円

| 市場活動のモノサシ | 社長の考えとお客様の考えが一致すると売上高が高くなる |

| 収益のモノサシ | 売上高の大きい会社よりも、粗利益額が大きい会社のほうが会社としての実力が高い |

| 粗利益額の50%より少ないことが適正 | **給与、福利厚生費、教育費**などを合計した金額。最も固定的な数字 |

| 守りの経費 | ＝現在の収益を確保する |

| 攻めの経費 | ＝新しいお客様を増加させる |

ここを減らすと企業競争に敗れる

| 設備は毎年**陳腐化**する | 減価償却を早くして最新設備を整える |

| 本業での儲けを示す"**筋力**" | 販売力が売上・利益に直結する |

| 社長が考える「これだけほしい」という額 | 社長の決定次第で、黒字にも赤字にもなる |

ここから決める

●今期の経営目標

……売上高、粗利益額、人件費、経費、販売促進費、減価償却費、営業利益、経常利益、労働分配率、売上成長率

●長期事業構想書

……当期から5年先までの事業計画、利益計画、要員計画、設備計画

　目標数字から逆算すると、会社の現状がクリアになり、

・「その数字を達成するには、何をやるべきか（何をやめないといけないか）」

・「現時点で、できていること、できていないこと」

が明確になります。

数字はそれだけで言葉です。

❸ スケジュール……誰がいつ実行するか

　経営計画書で方針が示されても、「**誰が、いつ、何をやるのか**」を決めなければ、その方針は、絵に描いた餅になります。

　社長が肝に銘じないといけないのは、**社員が自発的に実行することはありえない**ことです。

　でも、あらかじめ「決められたこと」「書かれてあること」はやります。だから**年間スケジュール**（事業年度計画表）を決めておく必要があります。仕事は「週単位」、次ページのように、A週、B週、C週、D週と「**4週1サイクル**」でパターン化するのがコツです。

A週、B週、C週、D週の「4つにパターン化」

		1	日			
2020年	11月	2	月	A週	1	
		3	火			
		4	水			
		5	木			
		6	金			
		7	土			
		8	日			
		9	月	B週	2	
		10	火			
		11	水			
		12	木			
		13	金			
		14	土			
		15	日			
		16	月	C週	3	4週1サイクル
		17	火			
		18	水			
		19	木			
		20	金			
		21	土			
		22	日			
		23	月	D週	4	
		24	火			
		25	水			
		26	木			
		27	金			
		28	土			
		29	日			
		30	月			

第1講 経営計画

経営計画書は、中小企業の3つの悩みを一気に解決する最強ツール

中小企業の社長の多くが「ヒト」「モノ」「カネ」で悩んでいます。

●ヒトの悩み(人材育成)
……社員がいうことを聞かない。社長の思いが伝わらない。

社員の意識、モチベーションが低い。

優秀な人材がいない。獲得できない。

●モノの悩み(売上・サービス)
……試行錯誤しているが、売上が上がらない。

生産性が向上しない。

粗利益を上げるために、何をしたらいいかわからない。

●カネの悩み(資金調達・運用)
……必要なときに限って金融機関がお金を貸してくれない。

利益は出ているのに、給料が払えない。

自社のキャッシュフローを見える化したいができない。

「ヒト」「モノ」「カネ」の悩みを解決する魔法の道具が、経営計画書です。

② なぜ、目標を紙に書くと 本当に実現するのか?

口約束は守られない! 紙に書かずして、人は実行せず

「雨が降った翌日は必ず洗車しなさい」

社長が社員にこう伝えると、社員は「ハイ」と返事をします。

けれど、「ハイ」と返事をしたからといって、それが実行されるとは限りません。社員の「ハイ」は**「聞こえました」**の意味です。

そこで当社は、経営計画書に具体的な洗車のルールを明記しています。

> 雨の翌日は全車洗車し、実績を記入してください。イレギュラーに対応する訓練となり、クレーム対応に備えることができます

社員には、社長の決定に対する実行責任があるため、経営計画書に記載されたルールを守らなければ、評価が下がるしくみです(評価が下がると賞与額が下がる)。すると社員は、「評価を下げたくない」「賞与の額を下げたくない」という理由で方針を実行します。

目標を紙に書かないと、赤字になる!?

また、方針や数字を紙に書かないと、社長の決定が正しく社内に伝わ

りません。普通の会社は、

　社長→専務→部長→課長→主任→一般社員

　と話が降りていく途中で、伝言ゲームのように少しずつ内容が変わってしまいます。

　話し言葉はあいまいで、人それぞれ解釈の仕方が違う。

　社長が「すぐに実行するように」と部下に指示を出したとき、「すぐに」の解釈は「30分なのか、1日なのか、1週間なのか」、人によって異なります。

　こうした解釈の食い違いをなくすには、言葉の定義を「紙」に書いておく必要があるのです。

　紙に書けば、実行すべきことが明確になる。

　紙に書けば、定義や考え方の統一が図れる。

　紙に書けば、ブレない。

　実行すべき方針やルールが経営計画書にあるので、誰が、どこで、いつ読んでもブレがなく、安心して仕事ができます。

　当社のサポート会員は、現在750社超、5社に1社が過去最高益、倒産企業ゼロです。

　多くの社長が利益を最大化できたのは、

「目標を紙に書いている」
＝「経営計画書を作成している」

　から。赤字社長の多くは、「利益を出したい」と頭では思っているものの、確固たる目標を設定していません。

- ・「いくら利益を出したいのか」(数字)
- ・「いつまでに利益を出したいのか」(期日)
- ・「利益を出すために何をすればいいのか」(方針)

　この３つを紙に書くと優先順位が決まるので、行動も判断も明確になります。

3 「5年で売上2倍」の長期計画を立てる

目先の利益より5年後の成長を

　経営で大事なのは、目先のお金にとらわれず、**長期的な視点**で考えることです。

　私は、５年後までの「長期事業構想書」(→次ページ) を1977年から毎年つくっています (経営計画書内に記載)。

長期事業構想書

　会社の未来設定と、「わが社はこうならなければならない」という**社長の決意**を示したもの。客観情勢の変化と社長のビジョンにより、絶えず前向きに書き換える

	項目	当期	46期	47期	
事業計画	1.クリーンサービス事業	1944.8	2108.4	2305.6	
	2.ケア事業	349.0	378.0	416.0	
	3.ホームイン事業	365.0	512.0	672.0	
	4.経営サポート事業	1257.0	1388.0	1485.0	
	5.管理職派遣事業	0.0	30.0	50.0	
	6.環境事業	49.0	50.0	50.0	
	7.新規事業	0.0	90.0	250.0	
	事業成長率	－	114.90%	114.80%	
利益計画	総売上高	3964.8	4556.4	5228.6	
	総仕入高	1092.8	1257.6	1443.1	
	粗利益率	0.724	0.724	0.724	
	粗利益	2872.0	3298.8	3785.5	
	内部費用 人件費	1255.9	1458.0	1680.0	
	経費	534.3	613.0	685.0	
	販売促進費	502.0	557.0	615.0	
	減価償却費	38.0	20.0	10.0	
	計	2330.2	2684.0	2990.0	
	営業利益	541.8	650.8	795.5	
	営業外収益	18.0	20.0	22.0	
	営業外費用	32.0	20.8	17.5	
	経常利益	527.8	650.0	800.0	
	損益分岐点	3236.2	3658.6	4123.6	
要員計画	労働分配率	43.7%	44.2%	44.4%	
	一人当たりの人件費	5.0	5.4	5.6	
	人員	250	270	300	
設備計画	土地	0.0	0.0	0.0	
	建物	0.0	0.0	0.0	
	機械	0.0	0.0	0.0	
資本金	増資	0.0	0.0	−16.0	
	払込資本金	106.3	106.3	90.3	
生産性	一人当たりの売上高	15.9	16.9	17.4	
	一人当たりの粗利益	11.5	12.2	12.6	
	一人当たりの経常利益	2.1	2.4	2.7	

（単位：百万円）

48期	49期	50期	特記事項
2483.5	2640.1	2807.6	
458.0	504.0	570.0	
765.0	888.0	1000.0	特記事項には、
1666.0	1790.0	2000.0	「最重点地区に
100.0	150.0	150.0	人と資金を投入する」
0.0	0.0	0.0	「5年後75億円にする」
333.3	600.0	1000.0	など項目の「方針」や「目標」
111.00%	113.20%	114.50%	を1行で記載する！
5805.8	6572.1	7527.6	
1602.4	1813.9	2077.6	
0.724	0.724	0.724	長期事業構想書は、
4203.4	4758.2	5450.0	売上を5年で倍増させる。
1824.0	2124.0	2400.0	経常利益も
767.0	809.0	883.0	大幅に上げる！
623.0	641.0	687.0	
0.0	0.0	0.0	
3214.0	3574.0	3970.0	
989.4	1184.2	1480.0	武蔵野は
25.0	28.0	30.0	経営サポート事業部が
14.4	12.2	10.0	売上12.6億円の第45期に、
1000.0	1200.0	1500.0	5年後の第50期に
4424.6	4914.6	5455.8	20億円となる
43.4%	44.6%	44.0%	売上目標を立てた。
5.7	5.9	6.0	
320	360	400	「無謀だ」と思われた
0.0	0.0	0.0	計画も、結果は
0.0	0.0	0.0	"1期前倒し"で
0.0	0.0	0.0	第49期には
−20.0	0.0	0.0	売上20億円まで成長した！
70.3	50.3	50.3	
18.1	18.3	18.8	
13.1	13.2	13.6	
3.1	3.3	3.8	

長期事業構想書では、

「５年で売上２倍」

の目標を設定しています（→44〜45ページ）。

なぜ、「５年で売上２倍」の目標が必要なのか。

その理由は、おもに「３つ」あります。

【５年で売上２倍を目指す３つの理由】

① 自社を活性化させるため

② 「今日、何をすべきか」を決定するため

③ 社員のやる気を促すため

❶ 自社を活性化させるため

「５年で売上２倍」を実現するには、**毎年15％の売上増**が必要になります。

この数字を達成するには、「今と同じやり方」では無理です。

現業の改善だけでは、早晩、頭打ちになる。したがって、

　・新規事業を始める

　・新規顧客を開拓する

　・商圏を開拓する

　・好調の部門に人材を投入する

　・Ｍ＆Ａ（企業の合併・買収）をする

　・不採算部門から撤退する

・IT化を進めて効率化を目指す

・社員教育に力を入れる

　など、「新しいこと」「これまでとは違うこと」を積極的に取り入れなければ、自社を活性化させることはできません。

　「今と同じやり方」「今と同じ考え方」の延長線上で経営計画を考えると、現状維持（前年実績）が精一杯です。

　あらゆることが猛スピードで変化する時代にあって、

「現状維持」＝「後退」

です。

　人は、変化を嫌い、現状維持を好むものです。

　今の延長線上で物事を考え、「今年の売上の伸び率は102％だったから、来年も対前年比102％でいい」と甘く見積もる。

　しかし、甘く見積もっている限り、会社は変わらない。変わらない会社の末路は、**倒産**です。

　「５年で売上２倍」の長期事業計画があると、「どうにかしなければ、目標を達成できない」という危機感が生まれ、「新しいことにチャレンジしよう」という原動力が生まれます。

❷「今日、何をすべきか」を決定するため

　長期事業構想書をつくって目標を数字に落とし込むと、「その数字を達成するために、今（今日）何をすべきか」が見えてきます。

　「どの事業もまんべんなく伸ばすのは無理だから、一番伸びている事業をさらに伸ばそう」など、現状の自社の実力値が明確になります。

　長期計画は、５年後の自社の姿を決めるものではありません。５年後

の目標を達成するために、「**今日、何をすべきか**」を決定するためのものです。

　経営は、「**逆算**」が基本です。「過去計算」ではなく「**未来計算**」で考える。経営計画を立てるときは、最初に結果を決め、結果を得るための手段を逆算して決めていきます。

　ある社員が「５年後に都内で一戸建を買いたい」と長期目標を立てたとします。目標から逆算して、「今の給料では無理だ」「今の貯蓄額では無理だ」とわかったとき、選択肢は絞られます。

・「武蔵野を辞め、もっと給料のいい会社に移る」
・「武蔵野で出世し、給料を増やす」
・「一戸建の購入をあきらめ、賃貸マンションに住む」
・「夫婦共稼ぎをする」
・「都内ではなく、郊外の物件を選ぶ」……

　どうしても都内で一戸建を買いたければ、辞表を書くことが決まります。当社に残りたいなら、「賃貸マンションに住み続ける」か、「頑張って出世する」のどちらかに決まります。「５年後に都内で一戸建を買いたい」という目標をつくるから、「今日の決定」ができる。

　投げたボールは、必ず落ちてきます。現事業が伸びているとき、「天に向かって投げたボールは、そのまま月にまで届く」ように感じます。でも実際は、ボールは必ず落下します。多くの社長は、ボールが落ちてきてから「やばい、落ちてきた。次のボールを投げなくては」とあわてます。

　しかし、追い込まれてから新しいことを始めても、「時すでに遅し」

です。今が好調でも、慢心しない、おごらない、満足しない。**「半年後、1年後、5年後にどうなっているべきか」を長期的に考え、変化を見据え、今やるべきことを決定**するのが、経営の正しい判断です。

❸ 社員のやる気を促すため

　人は誰しも、夢なくして努力しません。会社が5年後も10年後も、「今期と同じ社員数、今期と同じ経常利益、今期と同じ事業内容」ならば、社員のモチベーションは上がりません。

　社員は、「給料が安定的に上がる」「昇進のチャンスがある」と思うから頑張る。長期事業構想書に**「5年後に売上が2倍になる」**長期計画を明記すれば、社員は「会社が大きくなれば、自分の職責も上がり、給料も上がる」と思い、夢と希望が芽生える。だから努力します。

4

経営計画書には
「社長の決意」を具体的に書く

経営計画書にある改善すべき共通点

　プレミアム合宿では、「**経営計画書公開添削セミナー**」があります。

　これは、サポート会員の経営計画書を私がじかに添削するカリキュラムです。

　サポート会員は、基本的に当社が開催する「経営計画実践セミナー」や「経営計画書 作成支援合宿」に参加し、経営計画書のつくり方を学

●経営計画書「公開添削」実況中継

んでいます。

「プレミアム合宿」に参加する社長は、いずれも各業界、各地域で業績を伸ばし続けているホワイト企業です。

しかしそれでも、経営計画書の方針や数字が社内に定着しているとは限りません。方針の数が多すぎる、難易度が高い、表記の整合性や一貫性が取れていないため、社員が実践できない。

そこで私が、各社の経営計画書に目を通し、問題点を洗い出しながら、「ここは、こう書き直したほうがわかりやすい」「この方針は難易度が高いからやめたほうがいい」と具体的に指導します（全方針の精査をする時間はないため、各社長が自ら選んできた方針について私が助言を加える）。

社長が作成した「経営計画書」を大きなプロジェクターに映し出し、私が赤ペンで添削していきます。

普段はお山の大将の社長も、このときばかりはタジタジです。「これはどういう意味？」「これで社員に意味が伝わりますか？」「これとこれ

●社長たちもタジタジ！「経営計画書」添削中

 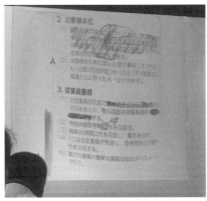

は違うところに分けたら？」など、私が徹底的に疑問点を突っ込むから
です。

　これまで多くの経営計画書を添削してきましたが、ダメなところは共
通しています。

経営計画書の改善点

　・方針が多すぎる（→方針の数を減らす）

　・表現が抽象的である（→何をどうするのか、具体的に明記する）

　・「願望」が書かれている（→願望でなく「決意」を書く）

　・用語、表記が統一されていない（→表記を統一する）

　・難易度が高すぎる（→結果が出ること、できることを書く）

●方針が多すぎる（→方針の数を減らす）

　多くの社長は、「あれもやりたい」「これもやりたい」と欲張ります
が、経営計画書に「あれも、これも」とさまざまな「方針」を盛り込め
ば、社員は**「放心」状態**になります。

　やることが多いと、何もかもが散漫になってしまい、結局、何もでき

ずに終わってしまいます。社長の頭では「できる」と思えたことが、実際の現場ではできない。むしろ、できないことのほうが多い。

　経営計画を立てるときは、「やること」を決める前に、**「やらないこと」を決めることが先**です。「やらないこと」を先に決めると、「やるべきこと」が浮き彫りになって、軸がブレず、迷いがなくなります。

　まず、「やらないこと」を決める。そして「やること」の中から優先順位をつけ、**「上位3つ」だけを方針**にする。

　会社は、社長が決定したようにしかなりません。

　経営計画書は、**社長の決定の集積**です。

　いくつかの選択肢の中から、「やらないこと」をハッキリさせ、「やること」を絞り込む。そして「やる」と決めたら徹底的に勝つまでやる。

　それが、先行き不透明な社会の中で小さな会社の舵取りをする秘訣です。

ダントツ社長の告白

株式会社キンキ
（工業用資材の専門商社／京都府）
長谷川哲也社長
**社員を動かしたいなら、
先に答えを与えちゃダメ！**

　私はどちらかというとせっかちだし短絡的なので、パッと思いついたらポンとやるタイプ（笑）。思いついたことは、あれもこれもそれも一度に全部やりたくなって、社員に押しつけてしまいます。

　小山社長からは、
「いきなり組織を変えようとしたら社員もびっくりする。できることから一つずつ変えていきなさい。長谷川さんは、思いつ

いたことが10個あったとすると、社員に10個やらせようとします よね。でも実際はどうですか？　10個できますか？　できないですよね。ということは**"やらなくていい"と社長がいっていることと同じ**です。10個気がついても、**全部はいわなくていい**。社員にやらせるのは、**その中の３つだけでいい**」

といわれました。

それから、こんなアドバイスも。

「社員を動かしたいなら、こうしろ、ああしろと**答えを与えてはいけない**。**どう思うか**を社員に聞きなさい。こうしてほしいという社長の思惑があっても、口に出さない。相手からいわせるようにしなさい」

そのために大事なのは、「どう思う？」と社員に聞くこと。社員と何度か対話して、期待どおりの返事を引き出せたとき、「そうだよね。じゃあ、それでやってみようか」と承認します。社長に「やれ」と一方的にいわれると反発したくなるけれど、「社長と社員が話し合って決めた」という体裁が取れれば、社員は納得して動くようになる。小山社長には社長が指示するだけでなく、**社員に気づかせることの重要性**を教えていただきましたね。

●表現が抽象的である（→何をどうするのか、具体的に明記する）

経営計画書の方針を徹底するには、「どのように行動するか」の基準をできるだけ具体的に明記することが大切です。

あるとき、A社の「クレームに関する方針」に以下の一文が掲載されていました。

「クレーム対応はすべての業務に最優先とする。ただちにお客様に第一報を入れ、おわびに行く」

この一文の問題点は、

・「お客様への第一報をいつまでに入れるのか」（「ただちに」とはいつまでのことか）

・「誰が、いつまでにおわびに行けばいいのか」

があいまいになっている点です。クレーム対応のファーストステップを徹底するには、

「いつまでに、誰が、何をするのか」

をハッキリと示す必要があります。

「クレーム対応はすべての業務に最優先とする。お客様への第一報は『30分以内』とする。当日中に当事者と上司がおわびに行く。お客様の前に顔を出すことが大事。対策は後でよい」

上記のように加筆・修正を加えれば、

・**第一報を入れるのはクレーム発生から30分以内**

・**おわびに行くのは、**当日中

・**当事者だけでなく、**上司も同行

・**対策は後回しでいいので、**まずは誠意を持って謝罪

が明確になります。

クレームが起きる商品を扱ったのも、クレームを起こす社員を雇ったのも、社長の責任です。本来ならば、社長が先頭に立って対応するのが

正しい。でも、社長ひとりではすべてのクレームを処理できないので、担当社員や役員が対応する。そのとき、社長に代わる社員が誠意を持ってお客様に謝罪できるように「**具体的方針**」を決めておくことが大切です。

前に触れた株式会社関通（達城久裕社長）の経営計画書の「経営方針」には、次の一文がありました。この一文も抽象的です。

（添削前）

「長年のノウハウを生かせる事業提案をする」

（添削後）

「当社が培ってきたピッキング作業（倉庫にある商品の中から指定された商品をピックアップする作業）のノウハウを生かし、**新しい物流支援システムを提案する**」

上記のように、「長年のノウハウ」が指しているものを具体的に表記すると、方針は明確になります。

誰が読んでも「解釈が変わらない」ように、細かく詳しく嚙みくだいて説明します。

●「願望」が書かれている（→願望でなく「決意」を書く）

経営計画書は、社員の姿勢ではなく、**社長の姿勢**を示すものです。

姿勢とは、社長として**「会社をこのようにする」という覚悟と決意**です。「こうしたい」「ああしたい」という社長の願望を書くものではありません。ですから、**「……する」と断言**することが大切です。

会社の中で最終的に責任を取れるのは、社長しかいません。

電信柱が高いのも、郵便ポストが赤いのも、夏が暑いのも、冬が寒いのも、小山昇の責任。だからこそ、経営計画書には、「**社長の決意**」と「**責任の所在**」を明記します。

わが社の経営計画書に、「経営計画発表にあたって」と題した一文があります（→下記）。

これは、経営計画書の中で、私が最も時間をかけて作成している項目です。10行目に「社員、みなさんの」とあるのは、社員だけでなく、パート・アルバイトを含めた表現です。この文の最後に、

「**無理を承知で、みなさんに協力をお願いいたします**」

と書いたのは、「社員に無理を強いる」ためではありません。「私は、無理を承知で頑張る」という「**社長の姿勢**」を表しています。

第54期　経営計画書「経営計画発表にあたって」（抜粋）

この経営計画書は家族の期待と責任を一身に背負っている社員が、安定した生活を築くため、昨年の過ちを正し、お客様に愛され支持される会社を実現するために、数字による目標と方針を明確にし、何をしなければならないか、また、何をしてはいけないかを、全身全霊、精魂を込めて書き上げたものです。

ここに書かれた目標、方針は幹部が参加して、作成したものですが、最後の利益責任は社長ひとりにあります。

社長の務めは、「決定」と「チェック」です。

夢のある事業計画を作成し、社員が、力を合わせて成果が得られれば、社員、みなさんのお手柄です。

したがって、実行する主役である社員一人ひとりに実施責任を持っていただきます。

朝、起きて仕事のできることに感謝し、家族・同僚との絆を大

切にし、同じ時代に生きる縁の不思議さと喜びを共有して、多くのお客様や関係する方々が応援してくださる会社にします。

　社長が先頭に立って、汗をかいて働きます。無理を承知で、みなさんに協力をお願いいたします。

平成29年5月6日
代表取締役社長
小山 昇

●用語、表記が統一されていない（→表記を統一する）

「ビールを買ってきて」といわれて、焼酎やウイスキーを買ってくる人はいません。これは定義がハッキリしているからです。

　頼んだ人も、頼まれた人も、「ビールがどういうものか」を理解しているので、行き違いがありません。

　しかし、社内共通言語を含め、会社で日常的に使われる言葉は、定義がハッキリしていないものもあるため、解釈に違いが生まれます。

　経営計画書の中に、「顧客」「お客様」「消費者」「ユーザー」という言葉が混在していると、同じ意味なのか違う意味なのかわかりません。

　用語、表記の統一をおろそかにしないで、社内共通言語の意味は統一する。そうすれば、誤解が生じなくなります。

●難易度が高すぎる（→結果が出ること、できることを書く）

　経営計画書は、別名「**魔法の書**」と呼ばれています。

　なぜなら、「**書いたらそのとおりに実現する**」からです。

　なぜ、書いたらそのとおりになるのか。

　タネ明かしをすると、

「すでにできていること」

「ちょっと頑張れば成果が出そうなこと」

しか書いていないからです。

「よいこと」や「やりたいこと」があっても、**できないことは書かない**。できなければ、「やらなくてもいい」になる。

人は、自分の実力以上のことや、一度も経験のないことを具体的に考えることは苦手。どれほど実力のある社長でも、経営計画書に「月に行く」とは書けない。なぜなら現実とかけ離れていてイメージできないからです。

できることが一つしかなければ、「一つ」でいい。

はじめは「一つだけ」でスタートし、少しずつ方針の数を増やしていくのが正しい。

多くの社長が「よいことをやろう」と考えますが、「よいこと」をしたからといって、結果が出る（お客様の数が増える、業績が上がる）とは限らない。

ですから、「よい計画」ではなく、「**成果が出る計画**」「**実現不可能と思える計画**」を具体的に書くと不思議と実現します。

背伸びをして、理想を大きく掲げながら、「今、できていること」を愚直にやり続けると、さらに会社の地力がつきます。

初めて作成する社長は「できることだけ」を書くので、経営計画書は薄くてペラペラです。でも、**ペラペラが正しい**。

「あれもしたい、これもしたい」と願望をいくつも掲げたところで、実力がともなっていなければ、利益につながることがありません。

●経営計画書はペラペラが正しい

5

経営計画は、絶対評価と相対評価の2軸で考える

絶対評価で立てた計画がうまくいかない理由

　会社を赤字にする社長の経営計画には、共通点があります。

　それは、計画や方針を「絶対評価」だけで考えていることです。

絶対評価

特定の基準に基づく評価方法

　「絶対的」とは、他と比べようのない状態。特定の基準に基づく絶対評

価は、社長の主観が大半です。

　社長が絶対評価で立てた計画は、社長にとって正しい計画であって、お客様や社員にとって正しいとは限りません。

　飲食店を経営する社長が、「この新メニューは絶対おいしいから、重点的に販売する」と計画を立てます。

　でも、おいしさは極めて主観的で、味覚の基準は人それぞれ。社長が絶対おいしいと思っても、お客様はそうではないかもしれません。

　味のよし悪しはお客様が決めるもの。社長がうまいと思っても、お客様に受け入れられなければ、その決定は**間違い**です。

　お客様は常に**相対評価**で商品・サービスを選んでいます。

　A店（A社）、B店（B社）、C店（C社）、D店（D社）……の中から比較検討してお店（会社）を選び、商品A、商品B、商品C、商品D……の中から比較検討して商品を選びます。

> **相対評価**
>
> 　同業他社や競合商品と**比較**し、自社（自社の商品やサービス）がどの位置にあるのか評価する方法

　お客様が相対評価で商品やお店、会社を選んでいる以上、経営計画立案も、絶対評価と相対評価を組み合わせて考えることが大切です。

▎競馬の的中率を上げる相対評価

　私は家族から「ギャンブルおやじ」と揶揄されるほど、麻雀もパチンコも競馬も大好きです。パチンコの勝率は5割くらいです（当社社員の平均は勝率2割弱）。

競馬は、単勝（1着を的中させる投票法）1点で約5割です（2019年、全50レース中）。当社には競馬好きの社員が多いため、社員満足の一環として、重賞レースを中心に競馬予想を配信しています。

2019年12月22日の有馬記念では、『ラジオNIKKEI（ニッケイ）』の競馬実況中継にゲスト出演して、馬連（1着と2着になる馬の組合せを的中させる投票法）を的中させました。競馬の実況中継にゲスト出演する中小企業経営者は、日本広しといえども、私だけかもしれません。

社員たちは、「この馬は、この距離をこれくらいのタイムで走る力があるから、勝つに違いない」「この馬は過去に5勝もしているから、実力があるに違いない」「自分はこの馬が好きだから、応援する」と絶対評価で予想します。だから当たらない。

競馬の生中継に呼ばれるほど私の的中率（勝率）が高いのは、私が**「定量情報」と「定性情報」を組み合わせて予想**しているからです。

定量情報

数値化できる情報

定性情報

数値化できない情報

定性情報の中には、絶対評価と相対評価の2つの情報があります。

厩務員（調教師が経営する厩舎で馬の世話をする人）と調教師（馬主から競走馬を預かり、トレーニングする人）は、どちらも馬の世話をする仕事ですが、私は厩務員のコメントはほとんど参考にしていません。厩務員は2〜3頭しか担当していないので、絶対評価になりがちだからです。

一方、調教師は、数十頭の馬の管理をしているため、**常に相対評価で**

す。たくさんの馬を比較したうえで、コメントを出します。

　また、私がリーディング（騎手の順位）の上位20位以内にいる騎手（クリストフ・ルメールや武豊など）のコメントをきっちりリサーチしているのも、上位騎手は常に相対評価で乗る馬に臨んでいるからです。

　競馬は相対評価の競技ですから、当日走る競走馬同士の相対評価や、競走馬自身の相対評価（過去との比較）が大切です。

職責上位者の報告を重視する理由

　当社の幹部社員は、駅前でタクシーに乗り、毎朝6時50分に私を迎えにきます（持ち回り制）。

　自宅から会社までの所要時間は30分。この時間は、私にとって貴重な情報収集の時間です。おもに、社員のプライベート情報など数値化できない**定性情報**を集めています。

　私と幹部社員はタクシーの後部座席に座り、私はほとんど口を挟まないで、**聞き役**に徹します。

　幹部社員は車内で、「**部下の情報**」「**お客様の情報**」「**ライバルの情報**」の3つを、**固有名詞を入れて**報告します。

　幹部社員に私の隣で報告させるのは、キャバクラと同じ理屈です。

　キャバクラ嬢がお客様の隣に座るのは、対面しないほうが話しやすいからです。タクシーなら2人とも前を向いて座れるので、話も自然に"**前向き**"になる。

　迎えにくる社員を「幹部（部長職以上）」に限定しているのは、情報の信憑性を担保するためです。

　職責下位者の報告は、どうしても絶対的、主観的な解釈になりやすい。

　一方、職責上位者は自部門の状況を俯瞰的、対極的、相対的にとらえられるため、職責下位者より確度と精度が高い。

社長は、社員の報告をもとに計画を立てます。よいことも悪いことも、社員が包み隠さず報告しなければ、正しい決定ができません。

そのためには、定量情報と定性情報、絶対評価と相対評価を組み合わせ、経営の現実・現場を正しく見極めることが大切です。

6

直感を避けたデータドリブン経営！「3つの見える化」で劇的効果

会社を変えるデータドリブン経営

当社のデジタル化元年は1984年。そして2001年以降インターネット化を推し進め、ここ数年はさらにそのスピードが加速しています。

2019年にはデータ主導型の組織づくりを目指し、データドリブン経営へ舵(かじ)を切っています。

「Googleデータポータル」などのBIツール（ビジネス・インテリジェンスツール）の導入によって、社内で眠っていた大量の数値データを生き返らせることに成功しました。

データドリブン経営

収集したデータを総合的に分析し、**未来予測・意思決定・計画立案**などに役立てる方法論。経営管理や売上のシミュレーション、適切な人材配置などに活用可能

■3つの「見える化」で劇的効果

① 残業時間の見える化

全従業員のタイムカードデータを「Googleスプレッドシート」に移行し、データポータルでグラフ化、ランキング形式に変え、**「誰が一番残業をしているか」が一目でわかる**ようになった。

社員の監視目的ではなく、経営者が現場のファクトを早期に知ることで、素早い経営判断をすることが可能。

②「長く働けば成果が出る」は大間違い

ダスキン事業部の営業成績と残業時間の相関関係を分析。結果、「長く働けば成果が出る」という通説に根拠がないことが判明。

ダスキン商品のモニター投入件数、契約件数、契約金額等、全成績において残業時間と成果には相関関係が見られなかった。むしろ成績の低い営業マンは、残業時間も多い傾向が見られた。

③ リアルタイムで最新データ共有

今までは、現場スタッフがエクセルにその日の売上データや営業成績を入力。店長は月1回の会議での報告に向け、数字を一覧表にしていた。

エクセルに入力されたデータは「文字」の羅列でしかなかったが、Googleスプレッドシートとデータポータルを導入したことで、「ビジュアル」（グラフ）として視覚化。

さらにデータをクラウド化し、アプリケーションを接続するだけで、「リアルタイム」で自動的に視覚化。リアルタイムでグラフ化された最新データを見られるので、情報収集時間が劇的に改善。

分析したデータをアクションに変える

社長の直感による判断を避け、データ重視と見える化に焦点を移すことで、会社やマーケットで何が起きているのかを正確に把握できます。常にデータに基づいて判断するため、経営計画が絶対評価に偏りません。

データを分析すると、知りたくない現実と向き合い、先手を打ってアクションを起こせるようになりますし、ヒット商品の種や芽の先行指標に気づけるようになります。その習慣が継続できると、異常値にもすぐ気づけ、すぐに対応できます。

ただ、データを分析するだけでは利益は増えません。分析した後に具体的なアクションに結びつけて初めてデータを活用したといえます。

●緊急事態宣言下での施策

　2020年４月７日の「緊急事態宣言」が出る前から、私は新型コロナ
ウイルス対策を進めていましたが、緊急事態宣言の発令を受け、さらに
対策を強化しました。

◎対策の方針

……お客様と従業員を守ることが最優先（給与100％保証）。**業績が下
がってもかまわないので**、感染拡大防止に努める

【事業面での指示】

・在宅勤務、テレワークを実施する

・対面でのセミナーは禁止し、オンライン開催

・経営計画発表会は、**史上初の「小山昇のひとり経営計画発表会」**とし
　てオンライン配信

・対面での社内イベント（社内アセスメント・懇親会・早朝勉強会・内
　定者のかばん持ちなど）はすべて禁止（全オンライン化）

・出張禁止。お客様訪問はおわびしてすべて延期

・サポート会員によるかばん持ち研修はすべて延期

・ダスキンのルート営業は、レンタルのみ（お客様と非接触で交換）。
　セールス（新規開拓）はしない。セールスメンバーをルートのフォロ
　ーに入れ、基本、週３日勤務。全体の仕事量を現状の８割程度に抑え
　て対応。直行直帰を推奨

・会議はすべてオンラインで行い、部門長会議はライブ配信

・緊急事態宣言期間の社員給与は、通常出勤者、在宅勤務者ともに変更

なしで100%支給（パート課長含む）。2020年も例年どおり昇給（ただし昇給実行は新型コロナウイルス終息後）
・時間を決め、休憩開始・終了のタイムカード打刻を徹底。モバイルから打刻をする際は、モバイル搭載のGPS機能で位置情報を記録できるので、虚偽報告ができない（「家にいる」とウソをついて外出した社員は反省文）
・毎日、日報を上司に提出（当日行った業務や勉強した内容を報告）
・部門勉強会はZoomやチャットワークライブで行う

●めざましスタディ

・専用YouTubeチャンネル内の「めざましスタディ」を活用し、『改訂3版 仕事のできる人の心得』の勉強会を開催（新入社員が選んだワードから毎日1ワードを配信、社員は視聴した感想をGoogleフォームで返信）

●オンライン飲み会

・ウェブ会議システムを活用し、定期的に**社員同士の「オンライン飲み会」**を設ける

・新卒採用活動や内定者のフォローもオンラインで行う

【小山昇自身のコロナ対策】

・人との接触を最小限にする。出張は100％禁止

・基本的に自宅で仕事

・セミナー・ダスキン進捗会議・サポート会員の相談は、自宅から徒歩5分のkimete事業部（テレワーク100％）からネット対応

・上司部下面談・昇給面談・エナジャイザー解説は、チャットワークライブ（社員は自宅または所属部署）で行う

・サポート会議、『ラジオNIKKEI』への出演はオンライン対応

・マスコミ取材はすべてオンライン対応

【生活面での指導】

・不要不急の外出をしない

・手洗い、うがい、マスクを徹底する。アルコールスプレーなどを使って消毒

・ストレス解消に部屋を整理・整頓

・散歩をするときもマスク着用。人が少ない時間、人が少ない場所を選んで歩く。公園は人が多いため、できるだけ避ける

・空気の入れ替えを頻繁に行う

・人と会話するときは、少し距離を置く

・15分に1回、水を飲んで、口の中、のどの粘膜を乾燥させない

株式会社三井開発
（環境分析、水処理施設の保守管理業務／広島県）

三井隆司 社長

社員が12人辞めても、売上が落ちなかった理由

　今だから笑っていえますが、サポート会員になった当初、「社長が高額セミナーに通い始めたようだ。大丈夫か？」と怪しんだ社員がいました。

　経営計画書をつくり、環境整備を導入すると、私に対する疑心暗鬼はますます強くなり、「うちの社長、新興宗教にハマったんじゃないか」と本気で心配する社員もいました。

　サポート会員の先輩社長から、「環境整備を導入すると人が辞めるよ」とは聞いていましたが、まさにそのとおり。ここで学び始めた1年後に5人、2年後に7人、なんと2年で12人も辞めてしまったのです。

　ところが不思議なことに、12人辞めても売上はまったく落ちません。落ちるどころか、上がったのです。

　人が辞めたのに売上が下がらなかったのは、残った社員の価値観が揃ったから。価値観が合わない人が辞め、合う人だけが残った。小山社長は「個人の能力は劣っていても、社員の価値観が揃っている組織は強い」といいますが、価値観さえ揃っていれば、社長と社員が**「同じ優先順位」「同じ判断基準」**で行動できるので、急激な変化にも即対応できます。社員全員で同じ戦い方ができるので、少しくらい社員の能力が劣っていても、**組織力で勝負**できる。ここに入った当初は何のことかさっぱりわかりませんでしたが、今ならよくわかりますね。

第1講まとめ

【小山の経営公式66】

1 経営計画書は、方針、数字、スケジュールを1冊の手帳にまとめた会社のルールブック

2 人間心理を無視して経営をしてはいけない

3 年間スケジュールは「4週1サイクル」でパターン化する

4 「今と同じやり方」「今と同じ考え方」の延長線上で経営計画を考えてはいけない

5 経営は「逆算」が基本。「過去計算」ではなく「未来計算」で考える

6 経営計画を立てるときは「やること」を決める前に、「やらないこと」を決める

7 「5年で売上2倍」の長期計画を立てる

8 経営計画書は書いたらそのとおりに実現する「魔法の書」

9 経営計画は、「絶対評価」と「相対評価」の2軸で考える

じゃんけんの強さと
会社の業績が
正比例する理由

実践経営塾（武蔵野主催の経営者セミナー）の参加者と懇親会に行くと、最後は必ず「シェアじゃんけん®」をし、負けた人が勘定を払います。

プレミアム合宿でも、お酒代やランチ後のソフトクリーム代（食事代はセミナー代金に含まれる）はシェアじゃんけんで「誰が支払うか」を決めています。金額の多寡によって「3人が支払う」「2人が支払う」「ひとりが支払う」と最初に決めておきます（→右図一番上）。

シェアじゃんけんとは、「グー・チョキ・パーのうち最もシェアの多いほうが勝ち」（シェアの多いグループにいた人から先に抜けていく）というルール。ただし、「ラッキールール」があり、「**オンリーワンは勝ち**」。

6人でじゃんけんをしたとき、5人が「パー」を出し、ひとりが「グー」を出したとします。普通ならグーは負けですが、シェアじゃんけんでは「グー」はオンリーワンなので勝ちです（→右図一番下）。

しかし、右図のまん中にある「パー」が3人、「チョキ」が2人、

シェアじゃんけんのしくみ

	ひとりが支払う	2人が支払う	3人が支払う
✋✋✌ ✊✌✊	引き分け（再勝負）	引き分け（再勝負）	引き分け（再勝負）
✋✋✋ ✌✌✌	引き分け（再勝負）	引き分け（再勝負）	引き分け（再勝負）
✋✋✋ ✌✌✊	✊の支払い	✊は支払い ✌と✌で決戦	✌と✌と✊で支払い
✋✋✋ ✌✌✊	✌と✊で決戦	✌と✊で支払い	✌と✊は支払い ✋の4人で再勝負
✋✋✋ ✋✋✌	✊がオンリーワン（「ラッキールール」）で勝ち ✋の5人で再勝負		

※「シェアじゃんけん」は小山昇が、「ラッキールール」は久保田輝男（故人）がそれぞれ発明

「グー」がひとりの場合、「グー」はオンリーワンにはならず負けです。「グー」「チョキ」「パー」のうち、他の5人が「パー」を出し、自分が「グー」を出したときだけ、オンリーワンで勝ち抜けるのです。

　シェアじゃんけんで勝つには、マーケット（ここではメンバー）を読む力と勝負する度胸（どこで勝負を仕掛けるか）が必要です。まわりの顔色を見ながら戦略を立て、どう攻めるかを考えなければいけない。そこがシェアじゃんけんの面白さです。

　シェアじゃんけんをすると、たいてい初参加の社長が負けます。
　一方、業績絶好調の社長は強い。体験的に、グー・チョキ・パーの中でシェアを取れるのは何か？　なんとなくグーが危ないからパーだったら大丈夫だろうといった傾向がわかります。

　以前、一部上場企業のビジネスパートナーの新年会で、講演を頼まれました。終了後、懇親会の催し物にじゃんけん大会があったので、私は「絶対にこの賞金を独り占めにして帰る」と決めました。
　そして、「今日のトレンドは、グーかパーかチョキか」を観察。元気な人はパーを出していたので、「パーに運がある」と仮説を立てた。だから私はパーを3回出し、見事賞金を独り占めしました。

　2019年6月に開催された「プレミアム合宿」では、本書の編集者・寺田さんもシェアじゃんけんに参加しました。

　結果はどうだったと思いますか？

　まさかの連戦連敗！　さすがに会社の経費にはできないと思った
のか、自腹を切っていました。あまりの負けっぷりに私も気の毒に
なってなぐさめましたが、負担はしません。

　寺田さんが負け続けた理由は、経営者の感覚を持っていなかった
から。「シェアを取る発想」がなかったからです。

　合宿当時、寺田さんは副編集長でした。

　その後、編集長に昇格。編集長はいわばその編集部の方針を決め
る経営者と同じです。このシェアじゃんけんの敗戦を機に、寺田さ
んの意識も変わったのではないでしょうか。

　会社の利益は、マーケットでのシェアに正比例するので、中小企
業は自社と同じサイズの「小さなマーケットで大きなシェアを取
る」のが正しい。

　シェアじゃんけんで勝ち残ることと、自社のシェアを地域トップ
に引き上げるのは本質的に同じ。だから、シェアじゃんけんの強い
社長の会社は、総じて業績がよいのです。

わが社の経営ノート

この講義を振り返り、気づいたことを箇条書きにしてみましょう。
各講義末に気づきを書き留め、行動に変える「わが社の経営ノート」をつくり、チームで共有してみてください。きっとあなたの会社は変わり始めます。

第1講「経営計画」

▶この講義での気づき

1.

2.

3.

▶わが社の喫緊の「経営計画」課題

1.

2.

3.

▶わが社で今すぐやろうと思ったこと

1.

2.

3.

第2講
事業構造

「やらない」と決めていること①
むやみに商圏を広げない

エリアを絞って、経営資源を集中投下する

　事業構造（どの商品・サービスを、どの販売方法で、どの顧客層に販売するか）を考えるときも、「やりたいこと」ではなく、「やらないこと」を先に決めると、むやみに事業の間口を広げることがなくなり、自社の強みを生かした仕事にヒト・モノ・カネを集中投下できます。

　事業展開を考えるうえで、武蔵野が「やらない」と決めていることは、次の4つです。

【この4つは絶対にやらない】

① むやみに商圏を広げない

② 「一度売ったらおしまい」のビジネスはやらない

③ ライバルのいないビジネスはやらない

④ 社歴よりも古いマーケットには参入しない

中小企業は基本的に弱者です。弱者の戦い方は、**テリトリを小さく、一点集中型で攻める**のが定石です。

　中小企業はリソースが限られているので、エリアを広げるのはマイナス。マーケットを広げれば広げるほど経費がかかりますし、営業効率も落ちて生産性が下がります。

　当社のダスキン事業は、「東京都全域の営業権」を持っています。

　しかし、本社のある小金井市（人口約12万人）を中心に、**「東京都の4分の1のテリトリ」に限定**しています（それでも当社は、約1400あるダスキン代理店において日本でベスト5くらいの売上）。

　企業のコンサルティング事業を行う経営サポート事業部も、テリトリを小さくしています。業種・地域は問いませんが、**「非上場かつ、現場・現物・現実がある中小企業」**だけがお客様です。

●武蔵野が経営支援する企業の特徴

・非上場の中小企業

……非上場の中小企業は、上場企業や大企業と違い社長があまり交代しないため、トップダウンによる経営改善が可能

・「現場・現物・現実」のある中小企業

……「現場・現物・現実」を持っていれば、武蔵野のしくみを横展開しやすい

　多くの社長は「マーケットを広げていくのが正しい」と思っていますが、会社の利益は、マーケットの広さに比例するわけではなく、**シェアに比例**します。

　だから中小企業は、自社と同じサイズの小さなマーケットで大きなシェアを取る「スモールテリトリ・ビッグシェア」戦略（**ランチェスター戦略**）を徹底する。中小企業が目指すのは、**地域におけるシェアNo.1**

小さなマーケットで大きなシェアを獲得する

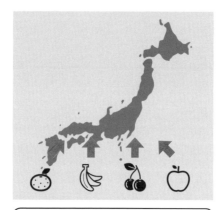

× 商品：多い　　エリア：広い

○ 商品：絞る　　エリア：絞る

東京都に
エリアを絞る

ランチェスター戦略

マーケットを細分化し、優先順位を決め、これに従って一つひとつのテリトリに、敵に勝る戦力を投入することで、その地域の占有率を高めていく戦略

になることです。

私が「ラブホテル」を制覇した理由

わが社はかつて、利益の出ていたドゥカフェ事業を売却しています。

この事業は、小型のコーヒーサーバーをレンタルするビジネスモデルです。

事業を立ち上げてから売却まで20年。利益率は低かったもののコンスタントに利益を出していたので、まずまずの成功といえます（売却したのは経営資源を経営サポート事業に集中させるため）。

当初はオフィスコーヒーのマーケットを狙って営業したのですが、当社のコーヒーサーバーは「2人分」のコーヒーしか抽出できなかったので、オフィス需要は見込めませんでした。

2人用のコーヒーサーバーが生きる場所はどこか？

2人だけの空間はどこか？

思いついたのが「**ラブホテル**」です！

多くのラブホテルが備品を専業の卸会社から一括納入していることを突き止めた私は、ラブホテルに強い卸業者に頼み込んで一緒に営業をかけたところ、見事に的中！

当時、「ラブホテルにコーヒーを置く」マーケットでは、ある大手食品メーカーのインスタントコーヒーが圧倒的なシェアでした。

しかし、「コーヒーサーバーを置く」という私の提案が受け入れられ、インスタントコーヒーのシェアを奪えた（関東周辺のラブホテルでは大手食品メーカーのインスタントコーヒーを駆逐）。

ドゥカフェ事業が成功したのは、「ラブホテルにコーヒーを置く」という狭いマーケット（狭いテリトリ）で戦いを挑んだからです。

「すごい煮干ラーメン凪」で有名な凪スピリッツの生田智志社長はランチェスター戦略を生かし、2010年度からの8年間で**売上を13倍、経常利益を70倍**にしたダントツ社長のひとりです。

ダントツ
社長の
告白

株式会社凪スピリッツ
（すごい煮干ラーメン凪、ラーメン凪 豚王の経営／東京都）
生田智志社長
たった一つのメニューで勝負した
ラーメン業界の風雲児

　小山社長は、「中小企業は地域でNo.1になる、あるいは商品一つでもNo.1になるのが大事」と一貫してランチェスター戦略の大切さを説いています。

　僕たちは、国内は新宿、渋谷、五反田、下北沢、池袋、田町、大宮、川口、浅草、福岡。海外は台湾、フィリピン、香港、中国、シンガポール、アメリカにも出店しています。一見、小山社長の教えに背いているように思いますが、メニューはきっちり絞り込んでいます。

　かつては10種類以上のメニューがありました。すると小山社長から「メニューが増えるとオペレーションが複雑になる」と指摘されたので、今では「煮干ラーメン」を軸にしています。

　商品・サービスを広げたからといって、お客様に受け入れられるわけではありません。ですから、自社のサービスのうち、お客様の需要が一番高いものに経営資源を集中させ、その他は潔く切り捨てました。

　以前は台湾とフィリピンに合弁会社を持っていました。売上は8億円、経常利益は1億円でしたが、小山社長から「国内と

国外で事業をするのは、経営資源が分散するからよくない。合弁会社の株を売ったらどうか」といわれ売却することに。「1000万円で株が売れれば御の字」と考えていたら、なんと7000万円で売れました。

　現在も海外事業を進めていますが、基本的には商材の供給と味のつくり込み（レシピの提供）のみです。

　米カリフォルニア州パロアルト市の店舗では、豚骨ラーメンをメインにしています。パロアルト市には、スタンフォード大学、ヒューレット・パッカード、テスラなどがあります。

　フェイスブックの創業者、マーク・ザッカーバーグさんやグーグル生みの親、ラリー・ペイジさんも「凪」をごひいきにしてくれました。本当にありがたいことです。

2

「やらない」と決めていること②

「一度売ったらおしまい」の
ビジネスはやらない

「鉄砲」より「弾」を売る理由

武蔵野は、おもに2つの事業を柱にしています。

経営の2本柱

①経営支援事業
②地域密着事業（ダスキン事業）

❶ 経営支援事業

●経営サポート事業部
……「見る・学ぶ・体験する・共有する実践型プログラム」を提供する
経営コンサルタント事業

❷ 地域密着事業（ダスキン事業）

●クリーンサービス事業部・ケア事業部
……オフィス、店舗、家庭の環境向上を目的としたレンタル商品の取り
扱い、環境クリーニングサービスを行う

●ライフケア事業部

……ダスキンのシニアケアサービス。訪問介護から通院・外出のつき添いまで、シニアの身のまわりのお手伝いをする

経営支援事業と地域密着事業は一見すると違う事業に見えますが、「事業構造」をひも解くと、大きな共通点があります。

それは、「**リピート型のビジネスモデル**」であることです。

ビジネスモデルは、大きく「2つ」に分けられます。

「一発勝負型のビジネスモデル（鉄砲を売る）」と、「リピート型のビジネスモデル（弾を売る）」です。

●一発勝負型のビジネスモデル（鉄砲を売る）

……単価は高いので一時的に売上は上がるが、次の購買につながりにくい。「鉄砲」は高額なので売れると儲けは大きいが、何度も買い換えるものではないから、同じお客様で利益を積み上げていくのは難しい。

鉄砲で利益を上げるには新規顧客を獲得し続ける必要があり、経営は安定しにくい

●リピート型のビジネスモデル（弾を売る）

……単価は安いが、同じお客様に、同じ商品を、定期的に繰り返し販売できるので、利益が安定する。

鉄砲を買った人は必ず弾を使い、鉄砲を利用し続ける限り補充する。したがって、単価は安くても継続的な利益が見込める

私は、同じお客様に繰り返し買っていただく「**リピート率の高い事業**」に取り組んでいます。

「経営支援事業」と「地域密着事業（ダスキン事業）」の違いは扱って

いる商品であり、事業構造は同じです。

「経営支援事業」「地域密着事業（ダスキン事業）」の2つは、繰り返し発生するお客様のニーズに合わせて事業展開をしています。

③

「やらない」と決めていること③
ライバルのいない
ビジネスはやらない

ライバルがいない＝マーケットが存在しない

ライバルがいない事業は失敗します。

ライバルがいない原因の多くは、**マーケットが存在しない**（お客様がいない）からです。

携帯キャリアマーケットが大きくなったのは、NTTドコモ、au、ソフトバンクなどがしのぎを削っているからです。

私はかつて、そもそもマーケットがない分野に進出し、大失敗をしました。その名は「クリエイト事業」です。

クリエイト事業は、不動産登記簿や住民基本台帳を閲覧してデータベース化し、パッケージ商品にして売る事業でした。

当時はまだ、個人情報保護法が確立されていなかったため、誰もが住民基本台帳を閲覧できました。

そこで、大量のパートを雇って市役所や登記所に向かわせ、人海戦術で書き写し、その後、コンピュータに入力してデータベースを作成しま

した。

　これを活用すれば、「道路は北付け」「面積は約130平方メートル」などの情報を入れるだけで、「どんな人が住んでいるか」を検索できます。

　「築40年の家に３世代で住んでいて祖父は80歳」なら近いうちに相続問題が発生します。銀行や建設業者がこのデータを持っていれば、「ローンを組んで家を建て替えると相続税が安くなりますよ」と提案できます。

　あらかじめデータに基づいてターゲットを絞り込んでいるため、やみくもに営業するより効率的です。

　銀行や建設業者に事業プランを見せたところ、上々の手応えだったので、事業を強化。東京都武蔵野市の不動産登記簿のすべて（当時約６万世帯）と住民基本台帳の３分の１を網羅したデータベースをつくりました。

　「この商品は必ず売れる、大爆発する！」という期待で、私は前のめりになって資金を投入。データベース化にかかった費用は２億8000万円（そのほとんどが人件費と閲覧に必要な収入印紙代）に及びました。

　ところが……です。

　まったく爆発しなかった！　結局、不発弾のまま処理せざるをえなかったのです。

２億8000万円の投資で売上はわずか3000万円！

　事業を撤退させるのに3000万円を新たに銀行から借り入れました。

　このときの失敗を絶対に忘れないために、武蔵野の社長室には**１脚8000万円の椅子**がいまだに置いてあります（→次ページ）。

●社長室にある1脚8000万円の椅子

　失敗の原因は何か？

　そもそもマーケットができていなかったのです。

　マーケットには「お客様」と「ライバル」がいます。ライバルがいないと、お客様もいません。

　クリエイト事業は、ライバルに先んじたビジネスモデルでしたが、ライバルがいない代わりに、データを使いこなせるお客様もいませんでした。

　費用をかけてデータベースを購入しても、ターゲットを絞って営業する需要が想像以上に少なかった。

　私はクリエイト事業の失敗から次のことを学びました。

・「どんなにいい商品でも、売れるとは限らない」

・「売れるためには、マーケットがなければならない」

・「ライバルがいない事業に手を出すのではなく、**ライバルがいる事業**

でシェアを奪うのが正しい」

よい商品が売れるわけではありません。**売れる商品がよい商品**です。

オンリーワンより「No.1」

多くの社長は、「ライバルはいないほうがいい」と考えています。

ライバルがいなければ、マーケットを独占できるからです。

確かにシェアを確保する戦略は正しい。でも、ライバルを完全に駆逐<ruby>くちく</ruby>してはいけない。

マーケットにライバルがいるから、自社の安全が保たれます。

中小企業はオンリーワンを目指してはいけません。目指すべきは、「No.1」です。

オンリーワンになると、その商圏には自社しかいないので、よいお客様（ロイヤルカスタマー）も、悪いお客様（クレーマーなど）もすべて扱わなければならない。

ところが、「No.1」になれば、「よいお客様」だけを相手にして、「悪いお客様」はライバル会社（No.2やNo.3の会社）に相手をさせることもできます。

ライバル会社をコテンパンにやっつけようとするとエネルギーがかかり、自社も疲弊します。

たとえライバル会社を排除できても、「オンリーワンの状態」になってしまうため、自社の安定性が損なわれるケースが出てきます。

だからこそ、ライバルはいたほうがいいのです。

社歴よりも古いマーケットには参入しない

新規事業は4つの順で難しくなる

　新規事業を始めるときは、「社歴よりも古いマーケット」には参入しません。社歴よりも古いマーケットには規制が多いからです。

　一方で、新しいマーケットには、規制がほとんどありません。規制がなければやりたいことがやりやすい。

　新規事業は、次の順番で難しくなります。

（1）「現事業」を「現市場」に投入する　→一番やさしい

（2）「新事業」を「現市場」に投入する

（3）「現事業」を「新市場」に投入する

（4）「新事業」を「新市場」に投入する　→一番難しい

「現在扱っている商品やサービス」を「既存のマーケット」に投入し、シェアを伸ばすのが最も簡単です（1）。

　わが社でいえば、第三支店の仕事を他の地域でやる。あるいは、小金井支店で成功したことを第五支店でやる。これが一番簡単です。

　とはいえ、これは新規事業ではなく「現事業」で、売上の大幅増は見込めません。だから、新規事業は「新事業」を「現市場」に投入する

（2）、あるいは、「現事業」を「新市場」に投入する（3）必要があります。

経営サポート事業部は、「現事業」を「新市場」に投入する（3）で大当たりしました。

「経営コンサルティング事業と、ダスキン事業はまったく違うのでは？」と思われるかもしれませんが、経営サポート事業部は、「ダスキン事業の現場」「小山昇が実際に仕事をしている現場」を公開しているから、「現事業」と解釈できる。

武蔵野の「現場・現物・現実」を公開することで、「現事業を新事業のように見せている」わけです。

「現市場」に「新技術や新商品」を売ると成功する理由

レコードがなかった時代、音楽好きな人は生演奏を楽しんでいました。しかしエジソンが生まれ、レコードができた。レコードは楽団のマーケットを奪い、売上を伸ばしました。その後、カセットテープが登場。音が飛ばないカセットテープは、レコードのマーケットを食いつぶしました。

さらに、CDの誕生でカセットテープは下火になり、インターネットの音楽配信により、CDも頭打ちになりました。

このように、新規事業は**「現市場」に「新技術や新商品」を売る**ほうが成功しやすい。現在の事業の周辺にあるマーケットか、現在の事業を**「新技術でチェンジできるマーケット」**に参入するほうが効率的です。

5

「ミツバチ型」×「クモの巣型」戦略で売上がアップする

お客様を飽きさせないために

当社のダスキン事業部のように、お客様を訪問して商品・サービスを売る戦略を「**ミツバチ型**」。反対に、飲食店やホテルなど、店舗をかまえてお客様を待つ戦略を「**クモの巣型**」と呼んでいます。

【ミツバチ型】
　営業担当がミツバチとなってお客様のところへ飛んでいき、蜜（契約）を集めるビジネスモデル。**攻めの営業**

【クモの巣型】
　来店されたお客様に販売、契約をするビジネスモデル。**待ちの営業**

「クモの巣型」の場合、お客様を飽きさせないために利益を未来に投資し、店舗や施設を刷新します。東京ディズニーランド、ユニバーサル・スタジオ・ジャパン（USJ）、旭山動物園にリピーターが集まるのは、定期的にアトラクションを新設しているからです。

飲食業界では、新規出店の約3割強が2年以内に閉店、5年で約8割が消えていくといわれています。飲食店の場合、リピート客を確保する

ために、最低でも５年、できたら３年に一度は、内装や設備を変えたほうがいいのです。

会社にとって重要なのは、**儲けること以上に、つぶれないこと**。これから先も、存在し続けることです。

極論すれば、今はどうでもいい。たとえ、今儲かっていても、３年後に会社がつぶれたら、意味がない。

経営は、目先の売上にとらわれてはいけません。必要最低限の利益を確保したら、**後は未来に投資**すべきです。

「ミツバチ型」×「クモの巣型」の「ミックス型」

会社をつぶさないために、当社は、「ミツバチ型」と「クモの巣型」を組み合わせたミックス型の戦略を展開しています。

> ◉「ミツバチ型」×「クモの巣型」の一例
> 【ミツバチ型】
> ・小山昇の新刊を発売
> 　……新刊に「現地見学会」の案内を入れる
> 　……出版記念セミナーを開催（セミナーで現地見学会や武蔵野の取り組みを紹介）
> 【クモの巣型】
> ・現地見学会を開催
> 　……武蔵野の現地見学会は、武蔵野の本社・支店を参加者に公開し、ベンチマーキングする体験型セミナー（累計５万人以上が視察、累計16億円以上の売上）

　現地見学会にリピーターが多いのは、武蔵野が常に設備投資をしているからです。5年前と今の武蔵野が同じなら、わざわざお金を払ってくる必要はありません。

　しかし、当社は世の中の変化に合わせて、新しいしくみ、設備、システムを積極的に導入し、常に**変化**、**進化**、**更新**しています。

　だから去年と今年では**しくみ**が違う。**人**が違う。**組織**が違う。**ツール**が違う。**場所**が違う。

　同じお客様が何度も来社するのは、見学のたびに新しい発見があるからです。

▎飲食店も「ミツバチ型」戦略で売上アップ

　前に触れた株式会社テイルは、京都・大阪・奈良・愛知県などでお好

み焼・鉄板焼店「きん太」を展開する飲食チェーンです。

テイルの金原章悦社長は、「クモの巣型」の店舗経営を基本にしながら、「ミツバチ型」のセールスを取り入れ、業績を伸ばしています。

●テイルの取り組み

【クモの巣型】

・壁紙を替えるなど、常に内装に変化をつける。**壁紙を替えただけで、売上が10%アップした**

・お客様を飽きさせないために季節限定メニューを販売する（季節限定メニューは粗利益率を高く設定）

・テーブルごとに時間を計測できるタイマーを設置。新規のオーダーが入ったらタイマーを作動させ、「1品目を10分以内」に提供。「2品目からは15分以内」で全品を提供する（時間をすぎると、色の表示が変わる）

【ミツバチ型】

・お客様のご注文を待つだけでなく、「冬の厳選食材を使った『牡蠣モダン』や『海鮮五目あんかけ焼きそば』も人気です」などとひと言、説明して、季節限定メニューの推奨販売をする

・「お得なコミコミ価格」の宴会メニューを設定し、周辺企業に対して宴会の提案をする。エリアを分けて重点的にお客様訪問する

世の中は、**常に変化**しています。

昨日正しかったやり方が今日も正しいという保証はどこにもない。だからこそ、現場も変わらなければなりません。

6

値上げして収益構造を
改善する方法

原価積上げ方式では利益が出ない

多くの会社は、「原価積上げ方式」で利益を出そうと考えています。

原価積上げ方式

　仕入原価に必要経費を加え、これに利益を上乗せして商品やサービスの価格を決める方式。「仕入原価＋必要経費＋利益＝販売価格」

「100円で仕入れた商品に30％乗せて130円で売る」というように、仕入れた商品の代金（仕入原価）に、ある一定の比率を乗じて販売価格（売値）を決めるのが一般的です。

●原価積上げ方式のメリット

・原価割れしない
・マーケットの分析（需要の分析）をしなくても、単純にコストから計算して価格を決めることが可能

●原価積上げ方式のデメリット

・設定した販売価格に対して、「お客様がどう反応して、需要がどう変化するか」が考慮されていない

・お客様に受け入れられる（売上につながる）保証がない

　当社では、原価積上げ方式による価格設定はしていません。

　では、どのようにして決めているかというと、

「お客様の満足度」

　で決めています。

　商品の価格は、お客様の満足度に比例して高くなります。大切なのは、需給のマッチングです。

販売価格は「お客様起点」で考える

　当社は、商品構成も、商品の販売価格もすべて**「お客様の声」**を起点にして考えている。だから**18年連続増収**です。

　当社で最も高額な商品は「実践経営塾　プレミアム合宿」です。

　価格は、２泊３日で150万円（税込165万円）です。

　今から８年ほど前、サポート会員の社長数人から、

「受講料は高くてもいい。150万円くらいでもいいので、少人数制のセミナーをつくっていただけませんか」

　という提案がありました。

　そこで私は、少人数制のクローズドセミナーを設計しました。

プレミアム合宿の初期設計

・３泊４日(ホテル宿泊)

・年２回開催

・定員15人限定

・価格150万円（税抜）

　プレミアム合宿は、たった2人参加すれば、損益分岐点（売上と費用が等しくなる売上）を超える高収益商品です。

　15人満席の場合（損益分岐点の2人分を除く）

・150万円×13人＝1950万円（**1950万円が粗利益額**）

　この合宿型のセミナーは、

「同じ収入なのに、手持ちの現金が大幅に増加した」

「少人数制クローズドセミナーでなければ話せない社員のドロドロ、社長自身のドロドロ、会社のドロドロ問題を相談、解決できた」

「小山社長から直接指導を受け、会社で実践した結果、受講料以上の利益を会社にもたらすことができた」

　などの理由から支持され、**1年半待ち**の状態が続きました。

　そこで私は、「プレミアム合宿」の「実質的な値上げ」に踏み切りました。これは、小田島直樹社長（小田島組・岩手県）が、わが社の佐藤有紗（現課長）に向かって、「3泊4日ではなく、2泊3日でも十分に価値がある」と漏らしたのがきっかけです。

　その情報を耳にした私は、「じゃあ、2泊3日に変えちゃえ。2泊3日なら、年3回以上開催できる」と考え、ただちにセミナーの基本設計を変更しました（開始時間を早めるなど、細かなプログラムも変更）。

> **（変更前）**
>
> 「３泊４日/15人限定/年２回開催」

> **（変更後）**
>
> 「２泊３日/12人限定/年６回開催」

変更した結果、こんなことが起きました。

・キャンセル待ちがなくなった

・受講日が１日減った（２泊３日のほうが会員も参加しやすい）

・参加人数が３人減ったことで、指導を受ける時間が増えた

　といった理由で、**実質的な値上げにもかかわらず、お客様満足度がさらに上がった**のです。

　お客様満足度に比例し、武蔵野の利益も上がりました。

●「３泊４日/15人限定/年２回開催」のとき

> ・年間粗利益額……1950万円×２回＝3900万円

●「２泊３日/12人限定/年６回開催」のとき

・１回の粗利益額……150万円×10人（損益分岐点の２人分を引く）＝
1500万円

> ・年間粗利益額……1500万円×６回＝9000万円

「年間3900万円」だった「プレミアム合宿」の粗利益は、「年間9000万円」と**5100万円アップ**しました。

「販売価格が安いから売れる。高いから売れない」のではなく、その商品に「お客様を満足させる**付加価値**」があれば、高額商品でも売上を伸ばすことができます。

▌反感を持たれずに値上げする7つの方法

多くの社長は、「値上げをしない」のが企業努力だと勘違いしていますが、それは**大間違い**です。

会社の業績を上げるために、「値上げをすること」も立派な企業努力。
株式会社末吉ネームプレート製作所（神奈川県、沼上昌範社長、1923年創業）は、シール印刷の高い技術を持つ企業で、業績は堅調だったものの、ある事業だけ赤字でした。赤字になるのは「**値づけが間違っていた**」からです。

小山「この事業は値上げをしたほうがいい」
社長「そんなことをしたら、お客様がライバル会社に取られてしまいます」
小山「あなたのところには、ライバル会社にない技術があるから、大丈夫！」
社長「わかりました。どれくらい値上げをしたらいいですか？」
小山「最低でも50％！」
社長「ええ‼（絶句）」

最低でも
50%

…………後日…………

社長「50%値上げをしたら、案の定、解約の連続。多くのお客様
　　　をライバル会社に取られてしまいました！」
小山「ですよね。でも大丈夫。**そのうちお客様は戻ってきます**」

…………さらに後日…………

社長「なんと小山さんがおっしゃったように、一度は離れたお客
　　　様が戻ってきました！　値上げした価格でもいいから、もう
　　　一度取引したいと」
小山「ですよね」

　お客様が戻ってきたのは、ライバル会社に末吉ネームプレート製作所
を上回る技術力がなかったからです（末吉ネームプレート製作所は現
在、当初価格の**100%アップ**の価格設定）。
　「他社の追随を許さない圧倒的に高い技術力（商品力、サービス力）」
や「他社の追随を許さない圧倒的なシェア」がありながらも粗利益額が
少ないときは、「値上げ」をするのが正しい。
　ただし、値上げ交渉をするときは、**お客様の心情、感情に寄り添っ
て、段階的に進めていく**ことが大切です。そのポイントは次の「7つ」
です。

値上げ交渉「7つ」のポイント

① その場ではやらない。必ず出直して対応する（文書にする）

② 「一律○○％アップ」ではなく、商品ごとにアップ率を決める（→右図）

③ 決定権のある人と交渉する

④ すぐに値上げをするのが難しい場合は、6か月間は現在の価格で納品する

⑤ 情にほだされ、提案した価格よりも低い価格で再引受してはいけない

⑥ 十分に時間をかけ、何度も頭を下げてお願いする

⑦ 大口のお客様には事前に、理解不十分のお客様にはその都度、店長・部長が出向いて丁寧に説明する

商品名	個数	旧単価（円）	旧売上額（円）		新単価（円）	新売上額（円）
A	10	150	1500		165	1650
B	10	200	2000		220	2200
C	10	180	1800	一律10%の値上げ	198	1980
D	10	250	2500		275	2750
E	10	100	1000		110	1100
計			8800			9680

個別に値上げ率を変える

商品名	個数	旧単価（円）	旧売上額（円）		新単価（円）	新売上額（円）
A	10	150	1500	15%アップ	172	1720
B	10	200	2000	5%アップ	210	2100
C	10	180	1800	10%アップ	198	1980
D	10	250	2500	5%アップ	263	2630
E	10	100	1000	25%アップ	125	1250
計			8800			9680

どんな相手も全商品一律10%の値上げは受け入れにくい。だから、下のように商品ごとに値上げ率を変え、結果として上の一律10%値上げをしたときと同じ売上総額（9680円）を確保する

103

株式会社ジェイ・ポート
（産業廃棄物処理／大阪府）

樋下 茂社長

133の改善と50%値上げで業績急上昇！

　2019年1月、小山社長が、90分間、当社の工場を見学され、「ここはこう改善したほうがいいですよ」と指摘された改善数は133個！

　うちはまだまだ"穴だらけ"だと実感しましたね。

　そのとき小山社長から、「値上げをしたほうがいい」と提案されました。小山社長の"鶴のひと声"を聞いた社員たちは、「そうだ！　そうだ！」と喜んでいました。要するに、社員はみんな、うちの会社は安い金額で仕事を受けていると思っていたのです。

　感想文に、「なんで小山社長は、私たち社員の気持ちがわかるのか」と書いた社員もいましたから。

　確かに、経費削減をしても、このままの料金体系では経営を安定させるのは難しかった。みんな一所懸命働いているにもかかわらず、赤字の垂れ流しになってはいけませんから。

　でも、私はビビリなので、なかなか値上げの決断ができませんでした。そんな私の背中を押してくれたのが小山社長です。

　小山社長に「値上げしろ」といわれたら、「ハイ」か「イエス」か「喜んで」のどれかですから（笑）、値上げに踏み切ったわけです。結果的に40〜50%の値上げに成功。お客様にきちんと説明し、業績が安定しました。小山社長のいう「値上げこそ企業努力」は真実です。

7 人に「仕事」をつけず、仕事に「人」をつける

誰がやっても同じ結果が出せるしくみ

　多くの会社は、人に仕事がついています。

「人に仕事がつく」とは「Aさんでなければこの仕事はできない」「Bさんでないとお客様が満足しない」「Cさんに聞かないとわからない」と仕事が人に張りついている状態です。

　その人に聞かないと仕事のやり方がわからない状態を「仕事の属人化」といいます。

◉人に仕事がつくデメリット

> ・仕事がブラックボックスになって、まわりの人から見ると、何をやっているのかがわからなくなる
> ・不正の温床になる
> ・人事異動をすると現場が混乱する
> ・「その人が居なくなると困るから」という理由で社長が遠慮する
> ・その人が会社を辞めたとたん、業務が滞ってしまう

　当社は、「人に仕事をつける」のではなく、「**仕事に人をつけて**」います。

「仕事に人をつける」のは、社員をオールラウンドプレイヤーに育てるため。「この仕事はＡさんでも、Ｂさんでも、Ｃさんでも、誰がやっても同じ結果が出せる」ようにするためです。

　東京駅を朝６時に発車するのぞみ１号は、新人運転士が乗務しても、定年間際のベテラン運転士が乗務しても、朝８時22分に新大阪駅に到着します。誰が運転しても定刻に到着するのは「仕事に人をつけている」からです。

●仕事に人をつけるメリット

> ・何をやっているのかが見えるので不正を防げる
> ・人が入れ替わっても、同じレベル、同じ質の仕事ができるので、サービスの平均化・標準化が図れる。中小企業に、突出した能力のある社員は必要ない。“それなり”でいいので、全員が同じ結果を出せることが大切
> ・人事異動を繰り返しても、仕事が滞ることはない。全部署でダブルキャスト体制（同じ役をこなせる人を２人以上用意）を整えておけば、臨機応変に人事異動が可能

　仕事に人をつけるために、**マニュアル化・定型化・チェックリスト化**を徹底する。

「マニュアルさえ見れば、新人でも仕事ができる」ようにして、常に同レベルのサービスを提供できるようにすることです。

顧客「単価」を上げるか?
お客様「数」を増やすか?

顧客単価を上げる前に
お客様の数を増やす

継続的に売上を上げる方法は、次の2つしかありません。

（1）顧客単価を上げる

（2）お客様の数を増やす

多くの社長が、最初に顧客単価を上げようとします。

でも、**大きな間違い**です。お客様には、

・決めた金額以上は払わない

・一つの店ですべての買い物はしない

という傾向があり、顧客単価を上げるのは簡単ではありません。

特に自分で商品を売った経験のない社長は、「客数増と客単価増はどちらも同じ」と考えがちです。

あげくのはてに、商品・サービスの付加価値を高めずに無理な値上げをして客離れを起こす。客単価が上がっても、客数が減ると売上は伸びません。

業績を伸ばすには、「**お客様の数を増やす**」のが先決。

担当しているお客様の件数が10件で、売上が合計10万円とすると、お客様件数が20件の場合、売上が20万円になります。これを「**成長**」といいます。逆に、お客様は10件のままで売上が20万円になることを「**膨張**」といいます。

成長

客数が増えて売上が伸びること。お客様が増えない成長はありえない。成長戦略の基本は、**お客様の数**を増やすこと

膨張

無理して客単価を上げて売上を増やすこと。膨張は、ちょっとしたほころびですぐ破裂する

かつてダスキンメリーメイド事業部に、1件の顧客単価が「130万円」のお客様がいました。でも、そのお客様が解約になり、大慌てしたことがあります。

既存のお客様だけをルーティンで回っていれば、新規開拓コストが抑えられる。でも、それでは売上増は見込めません。

ですから当社では、「お客様数を増やすこと」（広告宣伝、営業、販売促進）に積極的に利益を投資しています。

「売上」から「お買い上げ」の発想へ

顧客単価を上げるのは、お客様の数を増やしてから。

では、顧客単価を上げるにはどうしたらいいのでしょうか。

顧客単価を上げるには、「売上」から「**お買い上げ**」に発想を変えることです。

売上

　会社が、お客様に対して商品を売る行為

お買い上げ

　お客様が、自らの意志で商品を買う行為

　事業構造を「売上」から「お買い上げ」に変えると、「**ついで買い**」が増え、顧客単価が大幅アップします。

　わが社は現在、各種セミナーの申込をウェブ上で行っていますが、お客様は、自分の好きな時間に、自分の好きなセミナーを、自分の意志で購入できるため、一方的に売りつけられる心理的ストレスがありません。

　また、セミナーＡの申込画面に、Ａに関連したセミナーＢ、Ｃの告知をしておくと、「ＢもＣも自分の会社には必要」と思ったお客様の「ついで買い」の申込が期待できます。

　回転寿司チェーン「無添くら寿司」の「５皿で１回　ビッくらポン！」も「お買い上げ」の発想をうまく活用しています。
「５皿で１回　ビッくらポン！」は、５皿で１回ゲームができ、当選すれば景品をもらえるサービス。お子さんのいる家庭なら、４皿注文時点で「もう１皿注文すればゲーム」と思い、９皿注文時点で「もう１皿注文しよう」と思う。この「もう１皿」が「お買い上げ」に当たります。

　ネット書店大手Amazonの書影下に表示される「よく一緒に購入されている商品」も、「お買い上げ」をうまく活用しています。

拙著『お金は愛』を検索すると、「よく一緒に購入されている商品」として、『儲かりたいならまずココから変えなさい！』と『人を動かしたいなら、「やれ」と言ってはいけない』が紹介されています。その横に「総額：￥5060　3点ともカートに入れる」のボタンがあります（2020年6月15日現在）。

　するとお客様は、「よく一緒に購入されているのなら、自分も読んでおいたほうがいいかな」とクリックする（購入する）。これが「**お買い上げ**」です。

　飲食繁盛店や株式会社テイルが運営する「お好み焼・鉄板焼 きん太」で導入されている「タッチパネル方式のテーブルオーダー」も、「お買い上げ」の実践です。

　さらに動画などを活用すれば、「ついで買い」を強力に誘えるため、顧客単価がどんどん上がっていきます。

　「どのお客様がどのページを見ているか」「どのメニューの注文が多いか」などのデータを集め、メニューの表示方法を工夫すれば、さらなる顧客単価アップが可能です。

　ではここで、2人のダントツ社長を紹介しましょう。

　ひとり目は「はじめに」で紹介した株式会社関通の達城久裕社長。リーマンショック後の2009年2月期と2020年2月期で比較すると、売上は9億6000万円から73億円と**7.5倍**、経常利益は2000万円から2億6000万円と実に**13倍**、従業員は60人から750人と**12.5倍**に。東証マザーズにも上場しました。

ダントツ
社長の
告白

株式会社関通
（物流倉庫、物流アウトソーシング、発送代行／大阪府）

達城久裕社長

倉庫をショールーム化！
見込客の25%と成約できる理由

小山社長がいうように、経営の原理原則は、**お客様の数を増やすこと**と、**同じお客様に商品・サービスを繰り返し売る**こと。

新規開拓をし続ける会社と、同じお客様に何度もお金を使っていただける会社が成長する会社です。

関通は積極的に新規のお客様と取引していますが、一方で戦略的に「なくすお客様」「契約を切るお客様」もいます。

2019年度前期は、**当社売上の7分の1に当たる**「売上10億円のお客様」との契約を解消しました。理由は、「一方的かつ無理な値引き要請」が続いたからです。

このお客様との取引解消で売上が10億円ダウンするから、もちろん痛い！　けれど、当社の見込客数を考えたら、「突っぱねても絶対大丈夫や」と判断しました。当社の成約率は見込客の25%です。つまり、4件に1件は契約にこぎつけられる。ならば、「10億円を失っても、絶対に値引きに応じてはいけない。値引きの前例をつくってはいけない。失った分は新規顧客で補おう」と考えました。

環境整備（→234ページ）を取り入れて以降、当社の成約率は上がっています。**倉庫のショールーム化**を目標に環境整備を導入し、今では有料の「倉庫見学会」を開催し、大きな集客につなげています。

「年間400社・700万個出荷、出荷精度99.995%以上」を実

現する倉庫を見れば、必ず契約していただけます。本来ならバックヤードであるはずの倉庫が、何より雄弁なショールームになっているのです。

　もうひとりは、ドクターリセラの奥迫哲也社長です。
　奥迫社長も急成長しています。2009年２月期と2020年２月期で比較すると、売上は30億円から73億円と**2.4倍**、従業員は122人から665人と**5倍超**となっています。

ドクターリセラ株式会社
（スキンケアメーカー／大阪府）
奥迫哲也社長
売上の３割が広告費！
新規顧客数を増やす方法

ダントツ
社長の
告白

　当社は通販も扱っていますから、通販のお客様を増やすために、積極的にテレビCMやウェブ広告を打つようにしています。
　通販事業部には、売上の約３割に当たる億単位の広告費を投じていますが、期末に向けて「利益が出そう」だとわかったときは、追加で投資することもあります。
　初めて『国分太一・美輪明宏・江原啓之のオーラの泉』（テレビ朝日系、現在は放送終了）にCMを出したときは、当社もまだ事業規模が小さかったため、清水の舞台から飛び降りる覚悟でした（笑）。この番組に１年間CMを打つには、当時の年商の**10分の１**の費用が必要でしたから！
　小山社長が当社にこられたとき、「今度、『オーラの泉』というテレビ番組にCMを出すことにしました」と伝えると、小山

社長から「受け入れ態勢はできているのか」と聞かれたので、「いや、特に考えていません」と答えたら、「バカ！　じゃんじゃん電話がかかってくるぞ」と怒られました……。

　番組の放送時間は土曜夜8時(当時)。その頃は、外部のコールセンターにつなぐという発想自体なかったので、小山社長の指示で「土曜夜8時に出社できる社員を集めて人海戦術で対応」したのです。すると、小山社長の予想どおり社員30人が電話前から離れられなくなることに。当時はまだ通販事業部がなかったので、具体的な広告効果は不明ですが、広告効果はプライスレスなものがありました。

　小山社長に経営を教わってから年商は4倍になりました。小山社長から「利益が出たら、一番目にお客様の数を増やすこと、2番目に社員教育、3番目に設備投資にお金を使う」と口すっぱくいわれているので、利益が出たら、1、2、3の順番で使っています。

　利益は内部留保せず、会社をつぶれにくい体質転換への投資に使います。

　小山社長はいつもこういいます。

「社長の仕事は会社をつぶさないためにお金を使うことであって、お金を残すことではない！」

　これを肝に銘じて、日々社長業を楽しんでいます。

【小山の経営公式66】

10	中小企業は、テリトリを小さく、一点集中型のランチェスター戦略で攻める
11	会社の利益は、マーケットの広さに比例するのではなく、「シェア」に比例する
12	「鉄砲」よりも「弾」を売るほうが経営は安定する
13	ライバルがいない事業は失敗する
14	オンリーワンよりNo.1を目指す
15	新規事業を始めるときは、「社歴よりも古いマーケット」には参入しない
16	「ミツバチ型」×「クモの巣型」戦略で売上がアップする
17	効果的な値上げ交渉のポイントは「7つ」ある
18	人に仕事をつけるのではなく、仕事に人をつける

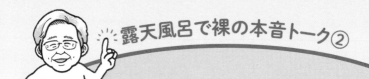

効果的な印税の使い方

　本が売れると、部数に応じて「印税」が支払われます。出版社によって印税率は異なりますが、「10％」が一般的です。1500円の本が1冊売れると、「150円」が私の印税収入になります。

　1500円の本が10万部売れると、著者の私に1500万円の印税が入ります。すると当社の社員は、この1500万円を「社長のポケットマネーになる」と勘ぐります。

　でも実際はどうしているかというと、すべて「広告宣伝費」「販売促進費」として使っています。

　私が本を出す目的は、「中小企業の経営者にノウハウを伝えること」と、「小山昇と当社のことを知っていただき、お客様の数を増やすこと」です。したがって、印税収入はすべて販促に回しています。

　また、著者が自著を出版社から買う場合、著者割引が適用されますが、私は出版社から直接買うことはありません。必ず書店さんで買うようにしています。なぜなら、そのほうが、書店さんが喜ぶからです。すると書店さんは、店内の目立つ場所に平積み（表紙が見える陳列方法）してくれるようになります。

わが社の経営ノート

この講義を振り返り、気づいたことを箇条書きにしてみましょう。
各講義末に気づきを書き留め、行動に変える「わが社の経営ノート」をつくり、チームで共有してみてください。きっとあなたの会社は変わり始めます。

第2講「事業構造」

▶この講義での気づき

1.

2.

3.

▶わが社の喫緊の「事業構造」の課題

1.

2.

3.

▶わが社で今すぐやろうと思ったこと

1.

2.

3.

第3講
人材育成

「販売」戦略から
「人材」戦略の時代

中小企業を襲う
3つの変化

2014年に消費税が8％になって以降、中小企業を取り巻く経営環境は「3つの変化」にさらされています。

その変化は、消費税が10％になった現在、さらに大きなうねりとなっています。

消費税が8％に上がるまでは、「営業戦略にすぐれている会社」や、「販売力のある会社」が業績を伸ばしていました。

しかし、増税以降、営業戦略や販売力だけでは生き残ることができない時代へシフトしています。

中小企業がこれからの時代に注力すべきは、営業戦略でも販売戦略でもなく、「**人材戦略**」です。

2014年以降の変化

① 経済構造の変化

② 採用ガイドラインの変化

③ 若者のトレンド（価値観）の変化

---

① 経済構造の変化

消費税が８％に引き上げられたのを機に政府は国債を買い戻し、そのお金が市場に流れ出たため、株価が上向きました。

一方、増税によって公共投資が増え、公共事業を中心に雇用も増えました。

しかし、株価は上がり、公共事業が増えても、中小企業は手放しで喜ぶことはできなかった。なぜなら、人手が足りなかったからです。

・2014年４月、消費税率が５％から８％へ引き上げ

↓

・増えた税収を「国債の買い戻し」と「公共投資」に使う

↓

・国債を購入したお金が市場に流れる

↓

・政府が公的資金を導入（株価が安定）

↓

・公共事業を中心に雇用が増加する

↓

・深刻な人手不足

人手不足を招いた２つの原因は、「**人口の減少**」と「**最低賃金の上昇**」です。

● 人口の減少

厚生労働省が発表した「平成30年（2018年）人口動態統計の年間推

計」（2018年12月21日発表）によると、出生数（生まれた子どもの数）は92万1000人、死亡者数は136万9000人で、自然減少数は44万8000人にも及びます。

　出生数が100万人を割るのは3年連続と、少子化（人口の減少）に拍車がかかっています。

　また、総務省の「我が国における総人口の長期的推移」によると、日本の総人口は2004年をピークに、今後100年間で100年前（明治時代後半）の水準に戻っていくと予想されています。

　2050年には9515万人となり、高齢人口（65歳以上）が約1200万人増加するのに対し、生産年齢人口（15〜64歳）は約3500万人減少、若年人口（0〜14歳）は約900万人減少。その結果、高齢化率は約20％から約40％に上昇するという試算です。

●最低賃金の上昇

　最低賃金が上がれば、求職者にとっては就職先の選択肢が増えます。

　リクルートワークス研究所の調査によると、「2020年3月卒業」の大卒求人倍率は「1.83倍」と高水準。

　従業員規模別に見ると、300人未満企業（中小企業）では「8.62倍」です。この数字からも、中小企業の人手不足は明らかです。

大卒求人倍率

　民間企業への就職を希望する学生ひとりに対する企業の求人状況を算出したもの。1より大きければ求職者にとって有利

　人が減っているのに、仕事は増えているのですから、当然、売り手市場になります。売り手市場が続く限り、人材の確保（増員）は難しいため、人材不足に陥ります。

当社は2014年まで「5年以上勤めた社員が『辞める』といってきたら、引きとめない」のがルールでした。

ところが現在は、**真逆**です。

・2014年までのルール
「5年以上勤めた社員が『辞める』といってきたら、引きとめない。引きとめたら始末書」

・2015年からのルール
「5年以上勤めた社員が『辞める』といってきたら、**全力で引きとめる**。引きとめなければ始末書。管理職は、退職・転職した元社員と接触して、再度わが社に戻ってくるよう説得する」

ルールを180度転換したのは、時代が変わったからです。

増税以前は、人が辞めても、代わりの人材をすぐに採用することができました。売り手市場ではなかったからです。

しかし、これからは違います。人が辞めたら、次の人材はなかなか見つかりません。

② 採用ガイドラインの変化

経団連（日本経済団体連合会）は、企業の採用活動の解禁時期などを定めた「採用選考に関する指針」を、2021年春の入社分から策定しないことを正式に決定しました。

「採用選考に関する指針」は、新卒採用活動の解禁時期などを定めたガイドラインです。

今後は、政府と大学側が協議会を設置し、新たなルールづくりを検討

する予定です。さしあたって、2021年春入社の学生に対しては、前年と同じ日程（6月面接解禁、10月以降内定）となっていますが、経団連のこの決定により、学生・企業双方が活動を本格化させる時期が大幅に前倒しになる可能性があります（実質的な就活の早期化）。そうなれば、中小企業は、次のようなリスクにさらされるでしょう。

・同業他社との人材争奪がさらに激化する
・大企業の内定通知が早まれば、中小企業の内定率が下がる（内定辞退率が高まる）
・採用時期がバラバラになると、中小企業は内定辞退数を想定しにくい
・人材確保に向けて早く内定を出せば、人件費や辞退の可能性など不安にさらされる
・大企業の動きが早まれば、中小企業の採用活動も長期化し、コストアップにつながる

　これからの中小企業は、人材の確保がますます難しくなることが予想されます。

③ 若者のトレンド（価値観）の変化

　当社は、人材採用にあたって、公益財団法人日本生産性本部が提供している「エナジャイザー（energizer）」を使い、適性テストを行っています。エナジャイザーを使うと、その人の業務能力、性格、業務適性、価値観など、目に見えない特性を診断できます。

　「エナジャイザー」の診断結果を見ると、いわゆる「ゆとり世代」（1987

〜2004年頃に生まれ、ゆとり教育を受けた世代）以降の人材には、その前の世代とは明らかに違ういくつかの特徴が見て取れます。

●特徴１：ストレス耐性が弱い

……当社は毎年新卒採用を行っていますので、学生の傾向が手に取るようにわかります。

学生のストレス耐性は、年々、確実に弱くなっています（特に、2015年度の内定者からストレス耐性が弱くなっている）。「エナジャイザー」でストレス耐性がプラス（＝ストレスに強い）と判定された学生は、ほとんどいません。

ここ数年、当社でも、若手社員と中堅社員の間に、思考構造のギャップが見られます。ひと昔前までは、上司が厳しくハッパをかけて、社員の奮起を促すことができました。

しかし今は、方法論が違います。

今の時代は、**「ストレスに弱い人を採用して、少しずつストレス耐性を強くしていく」のが正しいマネジメント**です。

●特徴２：「給料」よりも「休み」が優先

……一般社団法人 日本能率協会は、「2019年度　新入社員　意識調査報告書」（調査期間：2019年３月29日〜４月９日／調査票回収：男性260人、女性124人、合計384人）の中で、

・1989年度（平成元年度）
・1999年度（平成11年度）
・2009年度（平成21年度）
・2019年度（平成31年度）

に実施した調査結果を比較しつつ、新入社員の「仕事・働き方」に対する意識の変遷を考察しています。

大きな変化は、**仕事とプライベートの優先順位**です。

「生活（プライベート）を優先したいか、仕事を優先したいか」という質問に対して、次のような変化が見られます。

・1989年度（平成元年度）……「仕事優先派」と「生活優先派」が拮抗_{きっこう}
・1999年度（平成11年度）……「仕事優先派」が「生活優先派」を大きく上回る
・2009年度（平成21年度）……「仕事優先派」が「生活優先派」を少し上回る
・2019年度（平成31年度）……**「生活優先派」**が「仕事優先派」を**大きく上回る**

この結果から、現在は、仕事から生活、会社から個人へとシフトチェンジしていることがわかります。

2019年度の調査では、次のように仕事よりプライベートを優先したいとする新入社員が**約8割**に及ぶことがわかりました。

・「プライベートを優先したい」……30.7％
・「どちらかというとプライベートを優先したい」……47.4％

「ゆとり世代」以降は、「ラクをして『休み』が多い会社がいい」と考える学生が増えています。

つまり、給料よりも休みを優先するのが今の新入社員のトレンドです。

残業や休日出勤が多ければ、新入社員はすぐに辞めてしまいます。

中小企業は、すみやかに「残業漬けの体制」から抜け出さなければいけません。

●特徴3：「仲間意識」と「チーム意識」が強い

……「ゆとり世代」の中でも、2017年度内定者と、それ以降の内定者
（2018年度内定者、2019年度内定者）では、変化が見られます。

　2018・2019年度内定者は、それ以前の内定者に比べて**「仲間意識」「チーム意識」**が非常に強い。「同期の中で一番になりたい」「同期の中で誰よりも早く出世したい」と考える人は少数で、**「力を合わせてみんなで一緒に目標を達成したい」**と考えます。

●特徴4：他人の家に土足で上がる

……「他人の家に土足で上がる」とは、「相手のプライベートに踏み込んでくる」ことです。

　2017年度までは、「どうすれば課長になれますか？」「どうすれば新人賞が取れますか？」と仕事への意欲を垣間見せる質問が多かったのですが、2018年度以降は、**「少しくらい相手の領域に土足で踏み込むことになっても、自分の知りたいことは、遠慮せず聞く」**フランクさを見せる若者が多い。

「小山さんの財布の中身を見せてもらえますか？」
「小山さんの初体験は、いつですか？」
「お酒の飲みすぎでやってしまった失敗を教えてください」

　子どもの頃から日常的にスマホを使いこなし、「知りたい情報はすぐに検索する」ことに慣れている若者にとって、知らないままにしておくことはストレスになる。だから、他人の家に土足で上がってまで相手のことを「知ろう」とします（半面、**自己開示を積極的にしない**のも彼らの特徴）。

経済状況と若者のトレンドが変わってきた以上、従来の組織のあり方では時代に取り残されてしまいます。

時代の変化に対応できない会社の末路は、**倒産**です。

当社が残業を減らす取り組みを進めているのも、社員教育に力を入れているのも、人材の流出を防ぐためです。

株式会社後藤組
（建設、不動産、リフォーム、外食事業／山形県）

後藤茂之 社長

小山式「25%の法則」で社内に活気が満ちあふれた

今から10年前、私が実践経営塾に参加してすぐのときです。

小山社長が講義の中で、「新卒採用が大事だ」と話しました。

その話を聞いた私は、内心、こう思っていました。

「武蔵野が毎年新卒採用できるのは、業績が右肩上がりだから。うちのように右肩下がりの建設会社に、新卒採用なんて無理無理。仕事が減って売上も減っているのに人件費が増えたら、会社は回らない」

そこで小山社長に、「そうはいっても……」と異論を唱えると、小山社長は10年前の武蔵野の経営計画書を持ってきて、

「後藤さん、いい？　武蔵野は毎年新卒を10人以上採用しているけれど、社員の総数は増えていないよね？　大丈夫。新卒を入れても社員の数は増えない。だから人件費も増えない」

当時の武蔵野は、今ほど社員の価値観が揃っていませんでした。

それにあの頃はまだ、新しい人をすぐに採用できる時代だったので、小山社長も今ほど人材戦略に力を入れていなかったの

でしょう。今の武蔵野は、価値観の合わない人が去り、合う人だけが残っています。新卒に関しても、価値観の合う人だけを採用している。だから人が辞めない。

後藤組でも、今から10年前に、清水の舞台から飛び降りるつもりで、新卒採用を始めました。すると、どうなったでしょう。「人が育つ」ようになった。

新しい人が入ってくると、今いる社員に危機感が芽生え、「頑張ろう」「追いつかれないようにしよう」「先輩として恥ずかしくないようにしよう」と思うようになります。

小山社長はよく「25％の法則」といって、「商品、お客様、従業員に関して、5年以内にそれぞれ25％を新しくすると業績が上がる。従業員の25％が5年以内に採用した人材だと会社が変わる」といっていますが、まさにそのとおり。新しい人が入

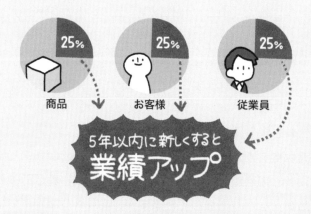

るのと入らないのとでは、雲泥の差。まず社内の活気が違う！

2018年度は4人、2019年度は5人、2020年度は6人、新卒を採用しました。同規模の建設会社と比較して、当社が採用にお金をかけているのは、「**新卒採用が会社を大きく変える起爆剤になる**」ことが身にしみているからです。

株式会社まきの
（冠婚葬祭／東京都）

牧野昌克社長

ダントツ
社長の
告白

従来の慣習を打ち破るには、新卒の感性が必要！

　当社も新卒採用に力を入れています。

　私たちが学生の頃、わからない漢字があると「漢和辞典」で調べましたよね。でも今の世代は、スマホで検索します。もはや「漢和辞典」という言葉自体が死語かもしれません。

　もし当社が新卒採用をしていなかったら、「漢和辞典」世代と「スマホ」世代のギャップに目を向けることはなかったでしょう。そして、おもいっきり時代の変化に取り残されていたでしょう。

　小山社長はよく「ゆとり世代以降、若者のトレンドは大きく変わった」といっていますが、私もそれを痛感しています。

　当社の管理職も、「新卒とどうやってコミュニケーションを取ったらいいか」がわからなくて、戦々恐々としていましたから。

　当社の大きな強みは、業界内でも圧倒的に若い社員が多い点です。これも新卒採用の成果です。

　高齢化社会の進展にともない、葬儀社というビジネスモデルは、今後多くの事業が派生すると思っています。葬儀の多様化で「家族葬」などが増加していますが、これからも今までになかった新しい様式がたくさん出てくるでしょう。

　従来、この業界で続いてきた古い慣習を変えていくには、新卒社員のフレッシュな感覚と突破力がこれまで以上に必要になるのです。

2

時間外労働の上限が法律に規定! 法令違反の会社には「罰則」が!

月45時間・年360時間を超えた 残業は法律違反!

今、「働き方改革」が政府・産業界ともに本格的に進められています。

働き方改革の目指すもの

　働く方々が、個々の事情に応じた多様で柔軟な働き方を、自分で「選択」できるようにするための改革です。

　日本が直面する「少子高齢化に伴う生産年齢人口の減少」、「働く方々のニーズの多様化」などの課題に対応するためには、投資やイノベーションによる生産性向上とともに、就業機会の拡大や意欲・能力を存分に発揮できる環境をつくることが必要です

（参照：『時間外労働の上限規制　わかりやすい解説』厚生労働省・都道府県労働局・労働基準監督署）

　働き方改革の一環として、労働基準法が改正され、時間外労働の上限が法律に規定されています。

◉労働基準法改正のポイント

- 時間外労働（休日労働は含まず）の上限は、原則として、月45時間・年360時間となり、臨時的な特別の事情がなければ、これを超えることはできない
- 臨時的な特別の事情があって労使が合意する場合でも、
  時間外労働……年720時間以内
  時間外労働＋休日労働……月100時間未満、2〜6か月平均80時間以内とする
- 原則である月45時間を超えることができるのは、年6か月まで
- 法違反の有無は「所定外労働時間」ではなく、「法定外労働時間」の超過時間で判断される
  ……**法定外労働時間**→労働基準法で決められた労働時間（1日8時間、週40時間）を超えて労働した時間
  ……**所定外労働時間**→法定労働時間（1日8時間、週40時間）の範囲内で、会社が自由に設定した労働時間を超えて労働した時間
- 大企業への適用は2019年4月から。中小企業への適用は2020年4月から（上限規制の適用が猶予・除外となる事業・業務がある）
- 法定労働時間を超えて労働者に時間外労働をさせる場合や法定休日に労働させる場合は、社員の過半数で組織している労働組合（ない場合は労働者の過半数の代表）と労働基準法第36条に基づく労使協定「36（サブロク）協定」を締結し、所轄労働基準監督署長への届出が必要
- 36協定では、「時間外労働を行う業務の種類」や「時間外労働の上限」などを決めなければならない

> ・36協定を締結したからといって、無制限に残業させられるわけ
> ではない。残業時間には「時間外労働の限度に関する基準」が
> 定められている

　今回の改正によって、罰則付きの上限が法律に規定され、さらに、臨時的な特別な事情がある場合にも、上回ることのできない上限が設けられています。

　この法律に違反した場合には、罰則（6か月以下の懲役または30万円以下の罰金）が科される恐れがあります。

　法律で定められている以上、残業を強いることは会社にとって大きなリスクをともないます。

　社員の生活を守るためにも、業務の生産性を上げるためにも、中小企業経営者は、積極的に「残業削減」に力を入れなければなりません。

3 会社命令で「年5日」 有休を取らせる

社員に「年5日」 有休を取らせる義務

　労働基準法が改正され、使用者（経営者）は、法定の年次有給休暇付与日数が「10日以上」のすべての労働者に対し、「**毎年5日**」、年次有給休暇を確実に取得させる必要があります（大企業・中小企業とも2019年4月から実施）。

　簡単にいえば、「10日以上年休がある人に、必ず5日以上、有休を取らせる」ことを会社側に義務づける法律です。

・半年間継続して雇われている
・全労働日の8割以上出勤している

　上記の2条件を満たしていれば、社員は、年次有給休暇を取得できます。したがって経営者は、「労働者自らの請求」、「計画年休」および「使用者による時季指定」のいずれかの方法で年次有給休暇を取得させなければなりません。

計画年休

　会社が従業員代表との労使協定により、各社員の有給休暇のうち5日を超える部分について、あらかじめ日にちを決めてしまうことができる制度

時季指定

　社員の意見を聴取したうえで、時季を指定して取得させる制度。年10日以上の年次有給休暇が付与される社員に対して、**年次有給休暇の日数のうち年5日**については、時季を指定して取得させなければならない

●**時季指定のイメージ**

社長「いつ、有休を取りたいですか？」

社員「○月○日に休みたいです」

社長「わかりました。それでは○月○日に休んでください」

有休消化率を100%に してはいけない理由

　当社の経営計画書では「有休消化日」を記載し、強制的に有給休暇を取得させています（有休消化日は全社員が一斉に有休を取る）。第56期の有休消化率は**80%**です。

　新卒社員の場合、基本的には入社半年後から有給休暇の取得権利が発生します（半年経っていない社員には、会社は有給休暇を与えなくてもよい）。

　そこで、入社半年までは、「特別休暇」という名目で、実質的な有給

4月1日入社の場合

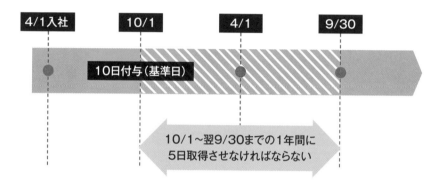

さらに、使用者は、労働者ごとに年次有給休暇管理簿を作成し、3年間保存しなければならない

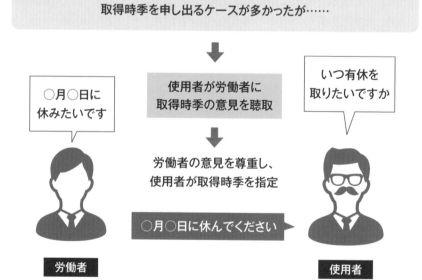

休暇を与えています。

　計画的に有給休暇が取れるようにしていますが、「有休消化日」と指定しているのは、年間11日間だけです。残りの有給休暇は、社員が好きなときに取得できるようにしています。

　有休消化率を100％にしたければ、会社が有休消化日をすべて決めてしまえばいい。でも、それでは、病気や忌引（きびき）などのときに有給休暇が使えなくなってしまいます。

▍課長職以上に「連続9日間」の長期休暇

　わが社には「長期休暇制度」があります。

　夏休み、年末年始休暇、ゴールデンウィークの他に、課長職以上は、月末・月初に９日間の連続有給休暇（１年に一度）を取らなければいけません（一般社員は５日間の連続有給休暇〈１年に一度〉）。

　長期休暇中に会社で仕事をすると、「始末書」（始末書２枚で賞与半減）です。長期休暇の日程は、社員が自分で決めるのではなく、会社（総務担当）が決めています。どのように決めているのかといえば、テキトーです（笑）。

　経営計画書の事業年度計画（スケジュール欄）の中には、「５月30日　長期休暇（市倉、竹内、小林、品田）」というように、課長職以上の長期休暇があらかじめ組み込まれています。

　長期休暇には、次の「７つ」のメリットがあります。

【長期休暇 7つのメリット】

① 若手社員の離職防止につながる
② ダブルキャストが実現する
③ 会社人間をつくらない
④ 上司も部下も成長する
⑤ モンスター社員がいなくなる
⑥ ブラックボックス化が防げる
⑦ 社員が「表面上」は仲よくなる

❶ 若手社員の離職防止につながる

プライベートを重視する若い社員にとって「長期休暇（連休)」は社員満足度に貢献する制度です。

❷ ダブルキャストが実現する

月末・月初はどの現場も忙しいため、抜けた穴を誰かが補わなければいけません。部長が休めば課長が部長の代わりをし、課長が休めば一般社員が課長の代わりをするようになる。それによって社員の層が厚くなり、ダブルキャストが実現します。

❸ 会社人間をつくらない

社員は、職責が上がれば上がるほど、家庭を顧みずに仕事をするようになります。

仕事熱心なのは結構ですが、家庭がうまくいっていなければ、仕事で成果を出すことはできない。したがって、社員の休暇制度を確立させて

おく必要があります。

❹ 上司も部下も成長する

部長や課長は、「自分の休暇中に自部署の業績を下げるわけにはいかない」と考えます。そこで上司は、部下に対して自分がいなくても仕事がきちんと回るように指導する。

一方で部下は、「上司の休暇中は自分が代理を務める」ようになるため、著しく成長します。

❺ モンスター社員がいなくなる

長期休暇を強制的に取れば、「その社員がいなくても、会社や部署が機能する」ことが明白になります。

「自分がいなくても会社はつぶれない」ことがわかると、モンスター社員の出現を防ぐことができます。

❻ ブラックボックス化が防げる

長期休暇のタイミングで、仕事の属人化を解消させることができます。「他の人が業務を代行できるしくみ」をつくると、「仕事に人をつける」ことが可能です。

❼ 社員が「表面上」は仲よくなる

基本的に、本人都合による日程変更は認めていませんが、会社が決めた日程（経営計画書に明記された日程）だと、どうしても都合が悪くなるときもあります。そんなときは別の社員と代わってもらってもかまいません。

しかし、代わってもらうためには、普段から「表面上だけでも、仲よくしておく」必要があります。仲が悪かったら代わってもらえないの

で、当社では社員同士のいさかいが起きません。

　連続した長期休暇を社員に取らせたり、社長自ら取ったりするのはおもいきりが必要です。

　しかし、一度でも強制的に実施してしまえば、メリットの多いしくみであることが理解できるでしょう。

ダントツ社長の告白

株式会社テイル
（お好み焼・鉄板焼「きん太」を展開／京都府）

金原章悦社長

「7日間連続休暇」で
8年連続右肩上がり成長！

　小山社長が他の経営コンサルタントと大きく違うのは、「現役経営者である」ことです。

　ですから、現場・現物・現実を踏まえた評価をしてくれます。

　小山社長の判断は、「○」か「×」か、「白」か「黒」か、「いい」か「悪い」かの2択で、「△、グレー、まあまあ」はありません。いつも潔い！

　以前、いつまで経っても赤字が解消されない店舗があったので、小山社長に相談したことがあります。

　返事は「×」。要するに「店を閉めろ」ということでした。

　小山社長の指示でこれまで5店舗を閉めましたが、結果的に収益性が改善して黒字転換しました。小山社長はよく「**社長は撤退ができて一人前**」といいますが、そのとおりでした。

　総本店をリニューアルしようと思ったときも、小山社長に相談をしたら「○」の返事。

そこで「1億円を投資して改装工事」をすることにしました。

そのとき小山社長から、「工事期間中は、総本店の社員全員に長期休暇を与えたほうがいい」とアドバイスされたので、順次人を回して全店舗・全社員に「7日間連続休暇」を取らせることにしました。

7日間連続休暇が取れる飲食店は、まずないでしょう。

休暇を終えた社員の表情は、みんな晴れ晴れとしていました。

いつも息苦しくて、いつも何かに締めつけられ、昼夜を問わず数字を追いかけていては、楽しい仕事はできません。

会社人間をつくらないためにも、長期休暇は必要だと実感しています。

改装工事をしたのは2018年ですが、2019年も「7日間連続休暇」を実施しました。

おかげさまで業績は8年連続右肩上がり成長です。

今後も会社の文化として「7日間連続休暇」を定着させていくつもりです。

4

生産性を上げる施策①デジタル化
バックヤードのデジタル化で 残業激減!

労働時間を減らして、売上を上げる方法

当社は現在、「残業を減らし、休日を増やし、それでいて利益を上げる」ために、業務のしくみ化、効率化に力を入れています。

残業時間の削減に本格的に取り組んだのは2014年から。当時の全社平均残業時間は、「76時間（月間）」でした。現在は、「**11時間**」に減っています。

当社では「誰が、どれくらい残業をしているのか」を集計し、公開しています（→65ページ）。

2019年5月の全社員の残業時間（月間平均）は、「12時間36分」でし

月間平均残業時間
76時間 → **11**時間

た。45時間以上残業した社員も数人いましたが、7月になると45時間以上残業をする社員はゼロ。法律を1年早く順守しています。

多くの中小企業で残業がなくならないのは、「労働時間と生産性は比例する」「たくさん働かないと売上は上がらない」と盲信しているからです。

かくいう私もそうでした。

私が残業削減に力を入れ始めたとき、「**売上は下がってもいいから労働時間を減らす**」ことを社員に徹底しました。

ところが結果的に、「**労働時間は減り、売上は上がった**」のです。

なぜ、労働時間が減ったのに、売上が上がったのでしょう?

その理由は、仕事の質、密度が濃くなったからです。

かつて、ダラダラ仕事をしていた社員は「1時間に3つ」の仕事しかできませんでした。

しかし現在は、3つの仕事をこなすのに1時間もかかりません。

1時間あれば5つの仕事ができるようになり、生産性が劇的にアップしました。

残業を減らしつつ売上を上げるために、当社が注力しているのが、「**①デジタル化**」「**②社員教育**」「**③評価制度**」の3つです。

残業代「年間2億7700万円」削減！ ライバルに勝つための「お金」と「ツール」

　日本が太平洋戦争で負けた理由は、圧倒的な国力の差があったからです。

　具体的には「石油量（エネルギー資源）の差」と「火力（武力）の差」で日本は圧倒的に劣っていました。

　ライバルとのシェア争いを「戦争」にたとえると、エネルギーはお金です。設備投資やお客様の数を増やすためには、お金が必要です。

　そして、火力は「ツール」です。

　連合軍は空爆、日本は竹やり。竹やりで飛行機を落とすことはできません。会社経営において飛行機の役割を果たすのが「デジタルツール（ITツール）」です。

　わが社は現在デジタル化を推進。2012年以降、280人の社員だけでなく、パート、アルバイト、内定者も含めて全員にiPadを支給。総数は800台です。

　デジタルツールは、最新モデルが登場すると2年ごとに入れ替えます。

　ツールの作業速度が上がれば、それだけ時間を生み出すことが可能です。ツールの進化はめざましく、かつて写真1枚を送信するのに10秒かかっていたのに、今では「1秒」で送信可能です。

「わずか9秒の差じゃないか」と思われるかもしれませんが、もし2年前の機種で100枚の写真を送ったら、900秒、つまり15分も無駄が発生します。社員の生産性を少しでも上げるには、最新機器の導入をためらっ

てはいけません。

　２年ごとにかかる購入費と通信費は、iPadで**約6000万円**、iPhoneで**約5000万円**。**計１億1000万円**です。

　通信費は会社負担で、ひとり当たり平均、月額約9000円の負担増になります。

　東京都の最低賃金は、現在、１時間当たり1013円ですから、9000円の端末経費で９時間分の労働時間を減らせれば、元が取れます。

　ITツール導入の結果、当社では残業時間が**65時間**も減りました。

　残業代を計算すると、

65時間×最低賃金1013円×残業代割増率1.25×12か月×社員数280人（2019年度末）＝２億7654万9000円

年間約２億7700万円の残業代を削減できたことになります。

デジタル化には大きなコストがかかります。

しかし、それによって生まれた時間をお客様の新規開拓などに充てれ

２億7700万円 削減

ば、投資額を上回る業績を上げられます。

たった1日で、
稟議の50%が決裁できる理由

　当社は「平成29年度（第35回）IT賞」（公益社団法人企業情報化協会）において、「従業員（600名）全員がITを利用出来るようになった事により、1年で残業平均時間を76時間から35時間に削減した事例」が評価され、「**IT奨励賞**」を受賞しています。

当社デジタル化の一例

・商品の入出庫管理をiPadのシステム（ダスキン精算システム）に置き換えたことで、移動の空き時間に精算作業ができる（毎日20〜30分かかっていた精算・入力作業と月末の棚卸し作業が不要に）
・キーボード入力に頼ったシステムからポインター操作によるシステム（グラフィカル・ユーザー・インタフェース）に変更したことで、勤務年数に関係なく誰でも同じ対応ができる業務環境を整備。ITツールを定着、活用するには、スキルが高くない人でも使える「簡単なしくみ」であることが重要
・iPadとモバイルプリンタを使用した伝票レスシステムを導入
・稟議システムを構築。稟議の50%は1日で決裁可能に（午前中に起案・承認されたら、その日の夕方に経費振込）
・各自のスケジュール管理もウェブ上で
・オンライン・ストレージ「Box（ボックス）」を使い、会社に分散しているさまざまなデータを1か所に集約・共有化
・全従業員のタイムカード（キングオブタイム）データを「Google

スプレッドシート」に移行。データポータルでグラフ化、ランキング化し、誰が一番残業をしているのか、ひと目でわかるように（→65ページ）

バックヤードはデジタル、人との接点はアナログ

デジタルツールの目的に関しては、デジタルとアナログで明確に線を引いています。

「バックヤードはデジタルで、人との接点はアナログで」

が基本です。

バックヤードを徹底的にデジタル化し、業務作業時間を劇的に減らす一方、お客様対応や社員面談など、アナログでのコミュニケーションの時間を増やしています。

相手の感情をキャッチしてこちらの思いを伝えるなど、対面でしかできないことがあります。人と人とのコミュニケーションの時間まで削減するのは本末転倒。これをやると痛い目に遭うので注意してください。

5

生産性を上げる施策②社員教育
社員の学習意欲は、お金で釣る

社員教育の6つの誤解

　人材戦略の時代に企業の業績を決めるのは、社員の実力です。

　中小企業にとって、「**人材の成長＝会社の成長**」です。

　私は、バックヤードのデジタル化と同様、社員教育にも惜しみなく利益を投資しています。

　2019年度は、教育研修費として**年間1億円**を使いました。

　中小企業の社長の中には、社員教育に対して、大きな誤解をしている人が多い。よくある誤解は次の「6つ」です。

誤解①　教育研修費を減らせば経費が減るので、もっと利益が出る

↓

正解……**お金と手間をかけて社員を教育する以外、利益を出し続ける方法はない**

「人」と「利益」は正比例の関係にあります。

　人が成長すれば、会社の業績もよくなる。

　反対に、人が成長しないと、会社の業績はまったく上がりません。

　中小企業は、お金と手間をかけて社員を教育する以外、利益を出し続

ける方法はありません。

　社員教育は、本来はバランスシート（貸借対照表）の「無形固定資産」です。しかし、計るモノサシがないから、全額「経費」になる。利益が出ている会社が社員教育をすると、**節税**にもなります。

　中小企業にとって、社員教育にお金をかけるのは、大変です。

　しかし、私が指導してきた750社超の中で、**「社員教育にお金をかけすぎて倒産した会社」は、１社もありません。**

誤解②　質の高い社員教育をしなければいけない

↓

正解……社員教育は、質より量。少しくらい質が低くてもいいので、同じことを繰り返し教える

　社員教育は、**質より量**です。「たくさんのテキストを使って、たくさんのことを勉強する」のは大間違い。

「少ないテキストを使い、同じことを何度も繰り返す」ほうが人は成長します。

　質の高い教育を与えたところで、社員が理解できるとは限らず、会社側の負担も大きくなります。ならば、少しくらい質の低い内容で、**「長期間継続する」「間隔をあけずに反復する」**ほうが社員はどんどん成長します。

　暴走族上がりの落ちこぼれ集団だった当社が、**18年連続増収**を続けているのは、同じことを何度も、何度も、何度も、何度も、何度も繰り返し教えた結果です。

　当社ではこれまでに7000回以上、早朝勉強会を開催していますが、勉強会の教材は、

『改訂３版 仕事ができる人の心得』（CCCメディアハウス）

『経営計画書』

の２つだけです（→早朝勉強会については第７講）。

誤解③　社員に自発的に学ばせる

正解……人事評価と社員教育を連動させ、嫌々ながら仕方なく学ばせる

　人間誰しも自分に甘いから、「面倒なこと」はしたがらないのが普通です。それでも、「組織的価値観の共有」と「知識・スキルの習得」を目的としたさまざまな社員教育を実施しています。

　自主的に勉強する社員は**ゼロ**です。

　学生時代に勉強嫌いだった人が、社会に出たとたん勉強好きになることはない。そこで、**勉強の量と人事評価制度を連動**させています。「勉強すれば給料が上がり、出世もできる」が、勉強しなければ、「給料はさほど上がらないし、出世もできない」のがわが社のルール。

　早朝勉強会は参加自由です。社員は出ても、出なくてもいい。

　けれど、「半期に20回出席」しないと、「方針共有点」（価値観を共有するための勉強会にどれだけ参加したか）が下がり、**社員の賞与が下がります**。

　また、１回参加すると、「**500円のスタンプがもらえる**」うえに、2018年からは、時間外に教育を受けた社員には「**研修残業代**」を支給しています（最低賃金×1.25、それにスタンプを加えると約1750円）。

　すると社員は、「賞与が下がるのは嫌」「研修残業代がほしい」「500円のスタンプを押してほしい」と**お金に釣られて、嫌々ながら仕方なく勉強**します。

　当社のような落ちこぼればかりの中小企業が生き残るには、嫌々でも

社員に勉強し続けてもらうしかない。そのために私は、社員の鼻先に**ニンジン**をぶら下げています。

誤解④　社員教育にお金をかけたのに、辞められたら損だ

↓

正解……社員教育をした社員が辞めたら、得する

　社員が辞めると、多くの社長は、「社員教育にあれだけお金をかけたのに、辞められたら損」とネガティブにとらえます。

　でもこの考えは、**大間違い**です。

「損をした」のは心情的に損をしたにすぎず、コスト面で考えれば、社員教育をして辞められたら**得**します。

　高い給料を払っている社員が辞め、その代わりに、新人社員を低い給料で迎え入れるので、人件費が大幅ダウンするからです。

　しかも今どきの新人社員は、「すでにある程度のITスキルを持っている」ため、レベルが高い。

　10年前の会社のレベルが「２」とすると、このとき入社したＡさんのレベルは会社と同じでレベル「２」。

　業績が上がり、会社のレベルが「４」になると、社員教育を受けていたＡさんのレベルも「４」に成長しています。

　ところがＡさんは、「自由な時間が少ないのは嫌だ」と退社しました。

　Ａさんに替わって入社したＢさんは、入社時点ですでにレベル「４」に対応できる能力があります。

　会社は「自社のレベルに合った人材」を採用するので、レベル「４」の会社が採用するのは、レベル「４」の社員になるポテンシャルを秘めています。結果、低い給料で、レベル「４」に対応できるＢさんを雇用できたことになります。

すぐに戦力にならなくても、素養はある。しっかり2〜3年、教育すれば、BさんはAさんと同じ仕事ができます。

給料も地位もそれなりに高い社員が辞めれば、人件費が圧縮できるので損益分岐点も低くなる。また、ポストが空けば、「次は俺だ、私だ」と社内も活性化する。5年間教育された社員とまったく教育されていない社員の差は歴然。当社で鍛えられた社員が他社で大いに活躍していますが、それはそれで立派な社会貢献にもなります。

総合的に考えると、Aさんの退職は決してマイナスではなく、「会社にとって都合がよかった」とプラスにとらえることができます。

誤解⑤　教育とは、知識を教えることである

正解……教育とは、教えて、育てることである

教育とは、「教えて、育てる」と書きます。

知識を与えるだけでなく、**部下の行動を変えること、結果を出させること**が教育の本質です。知識は、あくまで記憶や記録でしかない。学んだ知識を**体で実行**してみて、初めて自分の血肉になります。

当社では、「教育」を次のように定義しています。

教育（1）

知識を教えるだけの教育は無意味です。

①いい続ける。②やり続ける。③粘り続ける。そして行動が変わり始める

教育（2）

　人の行動が変わらないことは、やっても無意味です。仕事を教材として、現場の第一線でお客様サービスができるようにする。

　新人がやらないのは**知らない**からであり、知らないのは**教えない**からです。**新しいことについては誰でも、いつでも新人です**（新しい職務についたときは新人として扱う）。ひとりで仕事をさせる実地教育が一番

　知識として教わったことを自分で実行する。初めてのことだから失敗する。なぜ失敗したのかを検証し、改善する。

「行動→失敗→検証→改善」を繰り返しながら、他人の教えを体験的に自分のものにしていくのが「教育」です（→武蔵野の「教育に関する方針」は156～157ページ）。

誤解⑥　社員教育の目的は０から１を生み出せる人材をつくる

正解……誰かの「１」をそのままパクるのが正しい

　経験もないのに、０から１を生み出すことはできません。
「時間がかかっても自分ひとりの力で何かを成し遂げる人」と、「**何も考えず人のマネをして、すぐに成果を出す人**」では後者が評価されます。

　社員に新しいことを教えるときは、「結果が出ていることを、そのままマネさせる」のが基本なので、「結果が出ていることを、そのままマネさせる」ため、わが社では「**社内バスウォッチング**」を開催しています。

社内バスウォッチング

　大型バスを貸し切って、全営業所を視察する勉強会。年14回開催。社員・パートタイマーは必ず年１回は参加（子どもの送迎があるパートは途中乗車、途中下車が認められている）。
　１班40名程度に分かれ、幹部社員の引率のもと、全営業所を見学。参加者にとっては自社を知るきっかけでもあり、また、各営業所の**改善項目を横展開するしくみ**でもある

　現場の状況は絶えず変わり続けています。それなのに従業員のほとんどは、変化を知らずにいるのが実態です。

　同じ会社といえども、他の事業部のことはわからない。自分の配属されている営業所や部署に興味はあっても、それ以外のことには関心がない。そこで、幹部の説明を受けながら、従業員（パート・アルバイト含む）に**「気づき」の機会**を与えています。

　参加にあたって、社員は**50個以上**、パート・アルバイトは**20個以上**の「気づき」をメモに取り、今後実行する項目を一つだけ選びます。その内容を、**その日のうちに私へ報告する**決まりです。

●社内バスウォッチングの様子

社員は50個以上、
パート・アルバイトは20個以上、
気づきをメモし、
実行項目を一つだけ選ぶ

1. 基本

❶ 社内教育の教科書は「経営計画書」と『改訂3版 仕事ができる人の心得』であり、実施教育は「環境整備」と「実務の場」で行う

❷ 現場で成果の出ていることを「そのままマネ」する

❸ 同じことを繰り返し教育し、「質」より「量」を重視する

❹ 新人は甘い基準で結果を出させ、レベルアップしたらほめる

❺ 社内インストラクターを育成する

❻ 新人・異動者にお世話役をつける

お世話役は上司が事前に決めておく

お世話された人は教わったことを記載し、決済申請する

1か月目:1万円　2～3か月目:5000円

❼ 許可なく外部研修を受けてはいけない。違反者は始末書1枚提出

●組織的価値観の共有

教育名	対象者	基準
経営計画発表会	全社員	年1回
政策勉強会	全従業員	上下期　年2回
環境整備	全従業員	朝礼終了後30分間
環境整備点検同行	課長以上	年1回
早朝勉強会 ※テープ1回でライブ1回とみなす(入社5年未満のみ)	入社5年未満 入社6年以上 パート・アルバイト 役員・顧問	半期20回 (ライブ7回) 半期15回 (ライブ5回) 半期テープ2回 (ライブなら1回) 半期5回
武蔵野ガイダンス	全従業員	方針理解度テスト100点
創業者墓参り	任意	年1回
バスウォッチング	全社員 パート・アルバイト	年14回
全社員勉強会	全社員	年2回
経営計画書アセスメント	部長以上とチームリーダー	年1回
実行計画書アセスメント	全従業員	年2回
チームアセスメント	全社員(新人除く)	年2回

ラスベガス研修	社長賞・優秀社員賞・課長のS評価・新人賞	年2回
	入社5年目・10年目 (過去1回参加のみ)	年2回
社長のかばん持ち	課長以上 中途入社社員	年1回 中途入社社員全員の実施
データドリブン大会	全社員	年1回

●知識・スキル

教育名	対象者	基準
PMS[※1]テスト	全従業員	武蔵野ガイダンスにて テスト100点
給料体系勉強会	社員	入社後2年以内に3回参加
体験学習	経営サポート課長以上	半期1回
社長の決定ソフト 短期操作スタッフ	経営サポート・内勤 課長以上	経営塾の合宿、幹部フォローアップ 塾に、操作スタッフとして参加
セールス研修トレーナー	クリーン・ケア・ライフケア 課長以上	初回から3回目まで サブトレーナー研修受講
MQS[※2]ファシリテーター	入社5年以上の経営 サポート・内勤3グループ	夢合宿方針編のファシリテーター として参加
社長の決定ソフト 長期操作スタッフ 社長の決定ソフト 短期チェック講師	経営サポート・既存営業 部長以上	経営塾の合宿・幹部フォロー アップ塾に、講師として参加
個人教室	全従業員	部門により回数を定める
現場同行	経営サポート クリーン・ケア・ライフケア	部門により回数を定める
コミュニケーション トレーナー育成コース	セミナー講師	年1回 (1級までの認定講座修了者)

※1　個人情報保護マネジメントシステムの略
※2　武蔵野クオリティスタンダードの略。JQA（日本経営品質賞）で当社の強みとして評価されたことをもとに、サポート企業の
　　　経営品質向上の基準としてもらう

株式会社サンエー
（貨物の輸送、倉庫業、物流関連の業務請負事業など／滋賀県）

奥村伸一社長
真実は現場にしかない

　小山社長が当社の工場を見学したとき、「お客様目線で業務改善をすること。自分たち本位の仕事をしてはいけない」と指摘されました。

　私たちとしても一所懸命仕事をしているつもりでしたが、見方が偏っていたせいか、頑張っただけの成果が出ていませんでした。

　小山社長の「真実は現場にしかない」の教えをもとに、「まずは現場の声を聞こう」としました。今までは、私や上司が部下に一方的に「こうしろ、ああしろ」と指示していましたが、現在は現場の意見を反映させながら業務改善を進めています。

　その結果、今では社員は「指示待ち」ではなく、自発的に動くようになりました。これまでは仕事がなければジッとしている社員が多かったのですが、少しずつ現場に即した改善が進んでいます。

6

生産性を上げる施策③評価制度

残業時間減で
浮いたお金を社員に還元

「残業時間減→可処分所得増」で
退職者激減!

　誰だって長時間、働きたくないですが、休日出勤や残業が減ると、それだけ可処分所得が減るのも事実。

可処分所得

　個人所得から税金や社会保険料などを差し引いた手取り収入

　残業代を生活給として見込んでいる社員にとって、残業削減は必ずしも嬉しいことではありません。

「残業時間の減少＝可処分所得の減少」だからです。

　月20万円の給料の人が、約200時間残業をすれば、給料が2倍（40万円）になり、定時に帰るより、毎日一定の残業をしたほうが「手取り」が増えます。

　反対に、残業をやめたら手取りが減ってしまう。

「過労死するほど残業したくはないが、そこそこの残業はむしろ嬉しい」のが社員の本音です。

　2017年8月17日に発表された「日本経済予測」の中で、「残業時間の

上限が月平均で60時間に規制されると、残業代は最大で年間8兆5000億円減少する」と試算されています（大和総研調べ）。

それだけ労働者の可処分所得が減ります。

そこで、私は「残業を減らせば残業代は減るが、その代わり、**残業を減らした功績に対して賞与などで還元**」し、**残業を減らすと、それだけ社員がお金をもらえるしくみ**にしました。

当社は、「前年同月より自部署の総残業時間が減っていて、それでも業績が下がらない」場合、**賞与を増やします**。

残業削減によって増えた利益を会社に貯め込むのではなく、社員に還元する。

そして、残業削減の取り組みの一環として賃金テーブルを改定します。

そうすれば、残業は減っても可処分所得は減らないので、社員は辞めません。

当社が**残業を減らしながら増収**を達成できたのも、社員が辞めないのも、「残業時間の減少を人事評価に連動させ、**浮いたお金を社員に還元している**」からです。

ダントツ
社長の
告白

株式会社テルズ＆クイーン
（エステティックサロン「シェアラ」展開／石川県）

鈴木一輝社長
人事評価制度を整え、
社員のやる気をお金で釣る

　小山社長の指導を受けるまで、当社には人事評価のしくみが
ありませんでした。当社はエステティックサロンを経営してい
ますが、店舗ごとに数字がハッキリ出るので、現場にいる社員
の評価はしやすかった。でも、間接部門は数字が出にくいので、
どう評価していいのかわかりませんでした。しかし現在では、
人事評価のしくみが整い、公平な評価ができるようになりまし
た。

**給与制度と人事制度を明確にすると、社員満足度が高まりま
す。**

　社長の好き嫌いで人事評価を決めてしまうと、社員はやる気
をなくして辞めてしまいます。

　当社は、昇給・昇進・賞与についても評価基準を経営計画書
に明記し、運用しています。社員は「どうすれば昇給するか」
「どうすれば賞与が増えるか」がわかっているので不満が出ませ
ん。

　当社の人事評価制度は、武蔵野同様、「頑張った社員と頑張ら
なかった社員の差をつけるしくみ」です。

　もちろん、人生の目的はお金を稼ぐことではありません。お
金より大事なものはたくさんあります。けれど、余裕を持って
生活ができ、将来の不安がなくなる年収を稼げるようになるま
で、お金は社員にとって最大の関心事です。「ほしいものがある

から、頑張って仕事をしてお金を貯める」「給料がたくさんほしいから会社の方針を守る」という動機は、むしろ、とても健全だと思っています。

7 人事異動「8つ」のメリット

人事異動を繰り返すと、組織は活性化する

普通の会社は、期末や半期の決算期などに人事異動を行いますが、当社は**ほぼ毎日、人事異動**があります。

課長以下は３年以上、同じ部署で働くことはありません。

大規模な人事異動を断行すると、一時的に現場は混乱します。

でも、組織を活性化させるには、人事異動で会社をどんどん変えていくことが重要です。

当社は、**人事異動の回数を評価**しています。社員が人事異動（または出張）を拒否した場合は評価を下げ（経営計画書に明記）、応じた回数が多いほど、高い評価を与えています（経営計画書に明記）。

頻繁に人事異動を行う理由は、社員を動かすことで次の「8つ」のメリットがあるからです。

【人事異動8つのメリット】

① 社員が成長する
② ダブルキャストが実現する
③ モンスター社員、モンスターパート、派閥がなくなる
④ 離職防止につながる
⑤ 社員の「不正」がなくなる
⑥ 「仕事ができる人」のモチベーションが下がらない
⑦ 組織の弱点が見つかる
⑧ 社員の適性(向き不向き)がわかる

❶ 社員が成長する

　人事異動を行えば、日々新たな体験をするので、失敗から学びます。子どもの成長が早いのは、幼稚園→小学校→中学校→高校→大学と、成育環境が強制的に変えられ、知らなかったことやできなかったことができるようになるから。当社の人事異動もそれと同じ理屈です。

　個人の適性を生かしながら、強制的に異動させる。だから実力が養われます。

❷ ダブルキャストが実現する

　部署Aにいた社員が部署Bに異動になると、部署Aの仕事も、部署Bの仕事も両方できるようになり、ダブルキャストが実現します。

　同じ役をこなせる人が2人いると、滞っている作業に応援を出せるので、作業時間も短縮します。

❸ モンスター社員、モンスターパート、派閥がなくなる

職場に派閥ができるのは、人事異動がないからです。

同じ部署に長くいると、「お局様」「ボス」「モンスターパート」が生まれ、その人を中心に派閥ができます。**当社に派閥がないのは、**担当の仕事を頻繁に変えたり、シフトを固定したりしないからです。

❹ 離職防止につながる

社員が会社を辞める理由は、おもに「1 仕事が嫌で辞める」「2 上司が嫌で辞める」「3 会社が嫌で辞める」の3つに大別できます。

このうち、「1」と「2」は人事異動で対処可能です。

「1」（仕事が嫌で辞める）は、人事異動で仕事内容を変えれば防げます。

「2」（上司が嫌で辞める）は、上司と部下の間にコミュニケーション不全が起きています。わが社には、**「課長職3年定年制ルール」**（経営計画書に明記）があります。嫌いな課長の下についても、「長くて3年で、あの課長は別の部署に異動になる」ことがわかっていれば、部下は辞めずに我慢できます。

最近は心理分析の結果から、「今の若い人は、同じことをやり続けると不安になり、ストレスを感じやすい」ことが明らかになっています。そこで**「新卒社員は1年以内に異動」**させています。同じ仕事ばかりだと、若手社員の離職原因になるからです。

❺ 社員の「不正」がなくなる

人事異動がないと、仕事が「属人化」します。属人化は、ある仕事を特定の人だけが担当し、その人にしかやり方がわからない状態です。属人化すると、ブラックボックス化して**不正の温床**になりかねません。

経理の不正を防ぐには、ひとりに同じ業務をさせずに、入金と出金業務を分け、２年経ったらその業務担当を入れ換えます。

❻「仕事ができる人」のモチベーションが下がらない

　当社は、職場のNo.1、No.2（成績優秀者、昇格者）を積極的に異動させます。

　仕事ができる人を高速回転・高速異動させると、彼らはさらに伸びます。専務の矢島茂人は入社後"10年間で９回"異動しています。

　仕事ができる人は、何をやらせてもすぐに習熟する一方、同じことを続けさせるとすぐに飽きてしまう。彼らのモチベーションを下げないためにも、定期的な人事異動が必要です。

❼ 組織の弱点が見つかる

　組織（部署）に弱点があっても、マンパワーのある社員が担当していると、その社員が弱点をカバーしてしまうため、組織の問題点が隠れてしまいます。

　人事異動によりマンパワーの弱い人材を配置すれば、組織の弱点が浮き彫りになるため、抜本的、本質的な改善を図ることができます。

❽ 社員の適性（向き不向き）がわかる

　わが社では、「エナジャイザー」や「エマジェネティックス」という分析ツールを導入して、社員の業務能力や価値観、思考能力、行動特性など個人の特性を明らかにしています。

　分析ツールを使って適性検査を行えば、ある程度、個人の特性や資質を把握できます。とはいえ、仕事はやらせてみなければ、わからない。そこで、課長職までは頻繁に人事異動を繰り返し、適性を見極めるようにしています。

株式会社小田島組
（土木工事・舗装工事などの公共事業／岩手県）
小田島直樹社長
お金よりも大切な財産とは？

　小山社長の著書には「儲ける」とか「儲かる」といったタイトルが多いですよね。

　でも私から見ると、小山社長が際立っているのは、お金の儲け方より、お金の使い方ではないかと思います。利益を貯め込まず、お客様の「数」を増やすことや「社員教育」に惜しみなく使う。私が小山社長から学んだのは、「人にお金を使う」ことの大切さです。

　手元に7000万円あったとき、「会社に貯める」「銀行に貯金する」社長も多い。それも正しいのですが、私ならその7000万円を「人」に投資します。

　当社は今年、20人の新卒を採用しましたが、彼らに投じる1年目の人件費はおよそ7000万円。

　私にとっての財産はお金ではなく「人」「社員」です。

　銀行に貯めた7000万円より20人の社員のほうが財産としての価値が高いのです。

　強い会社の定義は、社長によって違います。お金をたくさん持っている会社を強い会社と定義する社長もいますが、私は「よい社員がたくさんいる会社」こそが強い会社だと思っています。

　私はいつも銀行の支店長に言い訳しています。

　「利益が上がらないのは、人を雇い、育てることに力を入れて

いるからです。すみません」と。

　新卒採用に力を入れている会社の中には、大卒しか採用しない会社もありますが、私は高卒も積極的に採用しています。

　あくまで私見ですが、特に地方の場合は、高卒も大卒も地頭のよさに大きな違いはない気がしています。

　高卒といっても、経済的な理由で大学に行けなかった学生も多い。彼らのポテンシャルは大卒にひけを取りません。ですから高卒もしっかり採用し、きちんと教育するのが当社の方針です。

　もちろん、お金は大切です。

　でも、お金は究極の目的ではありません。

　私は「お金は、自分の所有物ではない」と考えています。

　子どもの頃、親や先生から「自分の持ち物には名前を書いておきなさい」と教えられましたが、「お札に名前を書きなさい」といわれたことはありませんよね。

　ということは、私たちは本能的に、「お金は自分のものではない。お金は何かに交換してこそ、初めて価値が発生する」ことがわかっているのではないでしょうか。

　では、何と交換すればいいのか。

7000万円より　20人の社員

私は、人と交換します。

「お金第一主義」ではなく「人材第一主義」で考えたほうが、会社は強くなる。そのことを小山社長に学んだのです。

【小山の経営公式66】

19 「販売戦略」から「人材戦略」の時代

20 ストレスに弱い人を採用して、少しずつストレ
ス耐性を強くしていくのが正しいマネジメント

21 商品、お客様、従業員に関して、5年以内にそ
れぞれ「25%」を新しくすると業績が上がる

22 月45時間・年360時間を超えた残業は法律違
反！

23 長期休暇には「7つのメリット」がある

24 バックヤードはデジタル、人との接点はアナロ
グ

25 中小企業は、人の成長＝会社の成長

26 社員教育は質より量。嫌々ながら仕方なく"お
金で釣る"のが正しい

27 人事異動には「8つのメリット」がある

年を取っても
歌舞伎町でモテる方法

　私は独身時代、「歌舞伎町の夜の帝王」とあだ名がつくほど、キャバクラ好きでした。ちなみに、65歳で夜の街は卒業しています（笑）。

　私は、仕事でも遊びでも、「人間心理を無視して人を動かすことはできない」と考えています。心理といっても、「心理学」ではありません。重要なのは、「実践心理」です。私がキャバクラでモテるのは、キャストの心理がわかるからです。

　私が経営指導中のある会社の社長が、当社の経営計画発表会の動画を見ている最中に、

「以前、小山社長を見かけたことがある」

と女性社員がいい出したそうです。

　どこで見かけたのかというと、歌舞伎町のNo.1キャバクラでした（笑）。

　その女性は以前、そのキャバクラでアルバイトをしていて、他のキャストから私のことを「このお店で有名なお客様」と教えられたそうです（笑）。

　なぜ私は、「有名なお客様」と呼ばれたのか？

　なぜ私は、キャバクラでモテたのか？

モテた理由は山ほどありますが、**6つの要因**が考えられます。

その1、どのキャストとも、平等に、公平に接したから。

モテない社長は、気に入ったキャストにだけチップを1万円渡し、他のキャストには渡しません。だから、「ケチ社長」と陰口を叩かれます。

私は、「10人のキャストに1000円札」を左手の薬指に指輪のように巻いて渡します。そのとき、1000円札の裏側にある富士山がくっきり見えるようにします。すると、キャストは大喜びです。

歌舞伎町のキャバクラで私の悪口をいう女性がひとりもいないのは、私が「えこひいき」しなかったからです。

その2、どのキャストとも同じ話をしたから。

サポート会員のX社長から、

「小山さんとキャバクラに行くと、小山さんは、どのキャストにも同じ話をしますね」

といわれたことがあります。

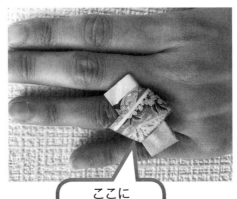

ここに
富士山が
登場！

なぜ私が同じ話をするのか。

「彼女たちの反応の違いを見れば、この女性は自分に気があるかないか」がわかるからです。

その３、長居をしないから。

私はダラダラお酒を飲むことはありません。

短い時間でキレイに遊ぶ。だから気に入られます。

その４、地位や名誉で人を縛ろうとしないから。

モテない社長は、権力、地位、名誉、名声で人を縛ろうとします。

以前、X社長から、

「小山さんはどんなスーツを着ているんですか？」

と質問されたことがあります。

私と同じスーツを着たら、私と同じようにキャバクラでモテると思ったそうです（笑）。私はあきれながら、こう答えました。

「あなたがモテたいのは、スーツを着ているときとスーツを脱いでいるとき、どっちですか？

人を惹きつけたいなら、すべてを脱ぎ捨てたときの『その人自身の魅力』で惹きつけないといけない。

あなたが魅力的な人間になれば、自然と女性は寄ってくるし、お客様も寄ってきます。モテたいと思っているうちは、モテませんよ」

その５、景気がいいときも、業績が悪いときも、いつもと同じように飲んでいたから。

私は、会社が儲かっていても、自分の給料が高くても、派手に遊ぶことはありませんでした。派手に遊ぶと長続きしません。

派手にお金を使わない。かといってケチらない。

私が歌舞伎町で絶大なる信用を得ているのは、会社の景気がいいときも、業績が悪いときも、いつもと同じお酒を、いつもと同じように飲んでいたからです。キャバクラ通いも、会社経営も、「長く

続ける」ことが大切です。

その6、小さなことをほめたから。

私はいつも、キャストのことをほめていました。

キャバクラに限らず社内でもそうですが、親密さや信頼関係は回数に比例します。

「大きなことを年に数回」ほめるより、「小さなことをたくさん」ほめるほうが人間関係は円滑になります。

ちなみに、若い頃はもっぱら、ストレス解消のためのアルコール消毒（お酒を飲むこと）が目的でしたから、**お店によって名前を変えていました**(笑)。いちいち詮索されると疲れるからです。

「本名で飲まなければいけない」という法律はありませんよね？

現金で払っている限り、本名を明かさなくてすみます。

では、どのように名前を考えていたかというと、店の看板の色を参考にしていました。

看板の色が白い店は「柏木さん」、黄色の店は「横井さん」、青色の店は「清水さん」など(笑)。競馬・競艇などは１番が白、２番が黒、３番が赤、４番が青、５番が黄、６番が緑なので、夜遊びのとき活用しました。

白い看板のお店から黄色い看板のお店に移籍してきたキャストから、こんなことをいわれたこともありました。

「あ、柏木さんじゃないですか。今度、このお店に移籍したんですよ。え？　柏木じゃなくて横井？　何をとぼけているんですか(笑)」

わが社の経営ノート

この講義を振り返り、気づいたことを箇条書きにしてみましょう。
各講義末に気づきを書き留め、行動に変える「わが社の経営ノート」をつくり、チームで共有してみてください。きっとあなたの会社は変わり始めます。

第3講「人材育成」

▶この講義での気づき

1.

2.

3.

▶わが社の喫緊の「人材育成」の課題

1.

2.

3.

▶わが社で今すぐやろうと思ったこと

1.

2.

3.

174

第4講
ドロドロ解決法

社内不倫を見つけたら、
社員に厳罰を与えるのが正しい

社内不倫が発覚したら、1年間賞与なし

当社は社内恋愛、社内結婚が実に多い会社です。

社内結婚率は**60%**、これまでに110組以上もあります。

一方で、困ったことに「社内不倫」もある（笑）。私が摘発した社内不倫は、これまでに10組です。社内不倫を見つけたとき、私はこういって社員を説得します。

「俺もガマンしているのだから、おまえもガマンしろ（笑）」

社内不倫をしても、「法律上は社内不倫を理由に社員を解雇できない」という判例が出ています。

そこでわが社は、社内不倫をした社員に厳罰を与えています。

解雇はしない。その代わりに、**懲戒処分**です。

社内不倫をしてはいけないというモラルを守れない人に、組織のルールが守れるとは思えないからです。

しかも、その関係が上司と部下であれば、社内の士気は激減します（たいてい男性が上司で既婚者、女性が部下で独身）。

部下がミスをしたとき、上司は手心を加えるかもしれない。一方、部下が成果を挙げれば、周囲は「上司が裏で手を回したのではないか」と

疑心暗鬼になる。これでは職場のコミュニケーションが悪くなります。

　経営計画書の「社員に関する方針」には、次のような内容が明記されています。

> （1）社内不倫が発覚した場合は、事実を確認後、１等級１グループ（一番下の等級）に降格とし、賞与は１年間支給しない
> （2）１等級１グループ社員は懲戒処分とする

　わが社のＯ（本人の名誉のためイニシャル表記）も社内不倫が発覚。Ｏは本部長から一般社員へ降格。一から出直しです（ただし、**復帰のルールも明確**で、結果を出せば昇格可能）。Ｏの当時の肩書きは「**元本部長（更迭）**」。

　この名刺を受け取った方は、身を乗り出してこう聞きます。
「『**元**』って何ですか？」
「『**更迭**』って、どうしてですか？」

●（更迭）肩書き付き名刺

この名刺のおかげで雑談に花が咲き、現在、Oの営業成績はバツグン
で、2020年5月に部長になりました。

不倫社員を公開処刑にした理由

普通の会社は、社員の不祥事をひた隠しにします。

でも私は、社員の醜聞をすべて社員に伝えています。

不倫の当事者である2人の課長を、社員・アルバイト・パート600名
以上が集まる社内アセスメントの場で、予告なしで「Aさん、Bさん、
前に出てきなさい」と呼び出し、

「あなたたちは**不倫関係**にありますね。

Aさん、あなたは今この瞬間から**一般社員に降格**です。

引き継ぎしなくていいから、○○部に**異動**しなさい。

Bさん、あなたも**降格**です。

引き継ぎしなくていいから、今すぐ××部に**異動**です」

と厳罰を与えたこともあります。

全社を挙げて、**みんなで大騒ぎしながら事態の収拾を図る**から、**規律
（ルール）を守る意識**が生まれます。

なぜ、不倫現場を押さえられるのか

和幸工業株式会社（自動車整備・販売／千葉県）の五十嵐正社長から、

「社員が浮気をしているかもしれない」

と相談を受けたことがありました。

私が五十嵐社長に、

「会社の近くに、目立たないで車を1台置いておける場所はありません
か？」

　と尋ねると、「ある」という。

　そこで五十嵐社長にこう指示しました。

「そこで張り込みしてください。

　おそらく、男性が先に車で待っていて、その後、女性も車でやってく
る。男性は自分の車を置いて、女性の車に乗り換える。その現場を押さ
えなさい」

　結果は……、私のいったとおりになりました。

　後日、五十嵐社長から、

「土地勘もないのに、どうしてわかったのですか？」

　といわれましたが、土地勘がなくても、人間の行動を読むことはでき
る。伊達（だて）に、武蔵野の社内不倫をいくつも暴いてきたわけではありませ
ん（笑）。

不倫と"認定されない"食事の仕方

　実際には社内不倫をしていなくても、社内不倫を疑われ、会社を追わ
れた社長もいます。

　太郎社長と秘書の花子さん（どちらも仮名）は、月に一度、ホテルの
レストランで食事をしながら、打合せをしていました。

　2人は決して親密な関係ではなく、あくまで仕事上のパートナーです。

　けれど、太郎社長の義母（奥さんの母親）が、「太郎と秘書は不倫関

係にあるのではないか」と疑った。

そして義母は興信所を雇い、数か月にわたって、「太郎社長と花子さんが食事をしているところ」を写真に撮らせたのです。

義母と妻は、その写真を証拠に離婚を迫った。

太郎社長は潔白を主張したものの、結果的に離婚が決まりました。

その後、会社は妻のものになりましたが（妻と義母で株式の過半数以上を持っていたため、太郎社長は解任）、経営経験のない妻に会社を支える実力はなく、あえなく**倒産**しました。

男性と女性が食事をするときは、「**不倫と認定されない食事の仕方**」を心がけなければなりません。

わが社は、上司と部下が1対1で飲む「サシ飲み」を義務化していますが、男性と女性でサシ飲みをするときは「**個室禁止**」にしています（あるいは、もうひとり加え3人で飲む）。2人で個室にいるところを写真に撮られたら、不倫関係になくてもいい逃れしにくいからです。

なお、「社外不倫」は、刃傷沙汰で刑事事件にでもならない限りは、おとがめなしです。さすがに「社外」は私もチェックしきれませんから、踏み込めません。各自の自己責任です。

問題解決の３つのポイント

- ・「社内不倫は厳罰処分」であることを経営計画書に明記する
- ・社員の醜聞を穏便に片づけようとせず、社内に周知する
- ・飲み会の場では、男性社員と女性社員を個室で２人だけにさせない

2

借金返済のドロドロ

借金を抱えている社員に、社長はお金を貸してもいいのか?

社員にお金を貸しても、根本的な解決にならない

　武蔵野の経営計画書には、

「飲み会では、仕事だけではなく、プライベートのことや悩みなども聞く。特に、部下の金銭に関わる相談事は、社長に報告する」

　と明記されています。

　社員がお金で困っていると、社長は「なんとかして助けてあげたい」と思うものです。その気持ちもよくわかる。

　でも、正しく手を差し伸べないと、会社のためにも、社長のためにも、社員のためにもなりません。

　A社の社長は、借金で苦しむ社員を助けようと、社員にお金を貸し付けた。いくら貸したと思いますか?

1000万円です。

　では、会社から(社長から)1000万円を借りた社員は、その後、更生したと思いますか?

　しませんでした。

　会社から借り、部下から借り、消費者金融から借りても荒れた生活は

変わらなかった。

　そこで私は、Ａ社の社長にこういいました。

「**自己破産**させなさい。それ以外、彼を助ける方法はない」

　私は基本的に、自己破産させることには否定的です。

　打つ手はいくらでもある。でも、この社員の場合、このままでは破滅しかねない。そこで、自己破産という最終手段を取ることにしました。

　その後、彼は更生して幹部として活躍しています。

▌仲間を助けたいけれど、自分が損するのは嫌

　かつて、当社の中嶋博記（現執行役員）から、こんな相談を受けたことがありました。

「Ｙさんが消費者金融からお金を借りているようです。

　返済が滞り、借金も膨らみ、困っています。

　私が武蔵野の社員になれたのは、Ｙさんのおかげです。

　Ｙさんを助けることはできないでしょうか」

　私は、幹部を全員集め、

「Ｙがこういう状況に陥っているが、助けたいと思うか？」

　と聞いた。全員「助けたい」という。

　そこで私は、幹部にこう指示を出しました。

「では、俺が銀行に頼んでお金を借りてあげる。

ただし、借用書の保証人欄に、ここにいる全員の名前を書いて、**ハンコを押すこと**」

　それ以降、誰も「助けてあげてください」といわなくなりました。
　要するに社員の多くは、「困っている人を助けたいけれど、自分に火の粉が降りかかるのは嫌」なのです。ただ、このときばかりはみんな嫌々ながら保証人になりました。
　銀行の支店長は困りながら、
「小山社長、こんなにたくさん保証人はいりませんよ」
　といいましたが、
「いいじゃないですか。そうしていただけないのなら、他行に乗り換えますよ」
　と脅かして……ではなく相談して（笑）、借用書をつくっていただきました。

借金が年収額を超えた社員は、助けられない

　消費者金融の規制が厳しかった時代、当社にも借金でクビが回らなくなった社員が続出しました。
　そのたびに私が消費者金融と交渉して、払える額まで毎月の支払金額の**減額交渉**をした。
　消費者金融にとっても、不良債権化するより、減額してでも確実に回収できるほうがいい。社長の小山昇がわざわざ出てきて返済計画を示すのですから、貸すほうも安心です。
　ただ、借金でクビが回らなくなった社員を全員助けたわけではありません。社歴の浅い社員は助けませんでした。貢献度が低い社員を助ける

と、長年コツコツと頑張ってきた社員がかわいそうです。

もう一つ、**借金額が「年収額を超えている」**社員も助けませんでした。

あくまでも私の見立てですが、年収400万円の社員が借金400万円ならギリギリ更生可能です。しかし、年収400万円の社員が年収以上の借金をしているときはもうダメです。そのためのコストが無駄になるので、この場合は自己責任で対処してもらいます。

金融業者に「お金を返さない」のも一つの解決策

私は、借金をしている社員のクレジットカードとキャッシュカードを取り上げます。取り上げると、それ以上、借りることもできなければ、返すこともできません。

一番大事なポイントは「**返済しない**」ことです。

「返済しない」とどうなるか。

金融業者が法的に訴えてきて、裁判になる。

多くの人は、訴えられると怯みますが、私の場合は「**裁判ウェルカム**」です（笑）。なぜなら、お金のトラブルは穏便に解決できないからです。

裁判所から支払命令があったら、社員に代わって社長が金融業者に面会を申し込み、交渉します。社員が借金を抱えているからといって、情にほだされてお金を貸してはいけない。

「どうすれば**社員を更生**させられるか」を真剣に考え、厳しく接することが大切です。

3

中小企業は、社長が株を「独り占め」するのが正しい

「社長の椅子」と「オーナーの椅子」では、どっちが上？

上場企業と違い、非上場企業には「2つの椅子」があります。

「**社長**の椅子」と「**オーナー**の椅子」です。

では社長とオーナーでは、どちらが上だと思いますか？

「**オーナー**」です。

会社の株を3分の2以上（67%以上）持っていない社長は、支配権を盤石にできません。

会社の支配権は、株式の保有率で決まります。保有率が多いほど、株主総会で自分の思いどおりの議決ができます。

多くの社長は「株式の保有率が51%以上あれば（過半数あれば）、主導権を握れる」と考えていますが、それは、**普通決議**の場合です。

出席株主の過半数が賛成することによって成立する

株主総会で決められる決議には、「普通決議」の他に、「**特別決議**」が
あります。

特別決議

会社の重要事項を決める決議。出席株主の**３分の２以上**（67％
以上）の賛成が必要

つまり、会社の経営を安定させるには、「株式の**67％以上**を社長が保
有する」ことが大切です。

中小企業では「所有と経営」を 分離させない！

私が当社の社長になったとき、保有株式はゼロで、創業家が株式を
100％保有していました。

当時の私は、「創業者の息子が社長になるまでのつなぎ役」と自覚し
ていたので、数年後に息子を呼んで、「俺の後に武蔵野の社長をやれ」
というと、「俺はやりたくない」という。

そこで、私が株を買い取ることにした。

銀行からお金を借り、１億6000万円で武蔵野の株を取得しました（全
株式の85％。創業家に配当を残すため15％は創業家が持つ）。

経営の安定化を図るには、銀行からお金を借りてでも、内部留保を減

らしてでも、**社長の株式保有率を「67%以上」にすべきです。**

　武蔵野が強いのは、私が67%以上の株式を持っているからです（現在は100%）。株式を67%以上持っていない社長は、いわば「雇われ社長」です。

　他の株主が結託（けったく）すれば、経営が不安定になる可能性があります。そうならないためにも、非上場の中小企業は「**所有と経営を分離させない**」ことが大切です。

　後継者に株の大部分を譲渡するけれど、後継者の経営手腕には不安が残る」ときは、先代経営者が「**拒否権付株式**」を保有しておくと、後継者に助言を与えることができます。

> **拒否権付株式**
>
> 　別名、黄金株。重要議案を否決できる権限のある株式

　拒否権付株式を持っていれば、株主総会で可決した事案であっても、社長は拒否できます。

事業承継は「会社法」で考える

　事業承継には、「**民法（相続）**」「**会社法（株式承継）**」「**税法（株式売却益課税・贈与税・相続税）**」という、３つの法律が関わってきます。

　A社の先代社長は、「自分が亡くなった後、会社を継ぐのは長男。自分が100%保有している自社株は、妻と子ども（３人）の計４人に相続させる」ことにしました。

　法定相続人（妻と子ども）は、一定の割合で財産を相続できることが

「民法」により保障されています。民法では、法定相続人は、

・配偶者……財産の2分の1

・子ども……残りの2分の1を子どもの数で均等に分割

の割合で相続できます。したがって、母親が50％、子どもたちはそれぞれ17％弱の株を持つことになりました。

先代経営者が保有していた株式を妻と子どもたちで分けるのは、民法上は正しい。

でも、「会社法」で事業承継を考えた場合、「**後継者が（長男が会社を継ぐなら長男が）、すべての自社株式を相続する**」のが正しい。後継者がどれだけ自社株を保有しているかによって、経営者に与えられる議決権が変わるからです。

結果的にA社では、先代社長が亡くなった後、母親と次男が経営方針をめぐって長男と対立。母親は次男に、「長男を追い出してあなたが社長になったほうがいい」とそそのかした。結果、長男は会社を追い出され、母親に操られた弟に社長の椅子を譲ることになりました。

自社株が分散していたり、自分の会社の株を、誰が、どれくらい持っているかわからない状況だったりすると、後継者に会社を承継させても、安定した経営はできません。A社のケースだと、先代経営者が「長男に自社株を集中させる」計画をあらかじめ立てておけば、母と子の骨肉の争いは避けられたはずです。

株は社長が独り占めせよ

私のかばん持ちをしていた有限会社名取鶏卵（長野県）の名取剛社長に、

「自社株はどれくらい持っているのか」

と尋ねたときのことです。

名取社長は「20%」と答えた。続けて私が、

「残りは誰が持っているのか」

と尋ねると、

「祖父（99歳）が持っている」という。

祖父は病気療養中だというので、私はこうアドバイスした。

「おじいさんに万が一のことがあったとき、おじいさんが持っている株式は、民法上、あなたのお父さんと相続の権利がある人に渡ります。株式が分散すると経営が安定しないので、今のうちに**おじいさんから株式を買い取ったほうがいい**」

さっそく名取社長は祖父のもとを訪れ、「株を売ってほしい」と頼んだ。

すると祖父は「お父さんの許可はもらったのか」と聞いてきたので、名取社長は「もらっている」とウソをついた（笑）。

それから2か月後に祖父は他界。あのとき、ウソをついてまで株式を取得していなければ、名取社長はいまだに雇われ社長だったかもしれません。

中小企業の場合、「**株は、社長が独り占めする**」のが正しい。

なぜなら、「意思決定が早くなる」からです。

株式が分散していると、それだけ意思決定が遅くなり、時代の変化に取り残されます。

事業承継を考えるなら、「株式は会社を継ぐ人に全部与え、兄弟には**株式以外の財産を与える**」など、後継者に株式を集中する工夫が必要です。

・社長は、自社株の67％以上を保有しておく
・後継者の経営手腕に不安があるときは、先代社長は拒否権付株式（黄金株）を持っておく
・先代社長は、「後継者に株式を集中させる計画」を早めに立てる

ダントツ社長の告白

丸栄運輸機工株式会社
（生産設備の運搬・移動・設計製作／富山県）

高木裕 社長

事業承継後の１年間は、「何もしない」ほうがいい理由

　現在、当社は事業承継の真っ最中です。私は社長に就任したばかり。会長は私の叔父で、副会長は先代である私の父です。

　小山社長からは、「社長になって最初の１年は何もするな」といわれています。理由を尋ねると、

「後継社長は、新しいことをやりたがる。すぐに独自色を出そうとする。けれど、後継社長が業務改善や組織改革に乗り出すと、社員が不安になって後継社長に反発する。社員たちが、社長が変わってもこの会社は前と変わらない。これまでと同じように給料がもらえると安心するまで、何もしてはいけない」

　というではありませんか！

　社員だけでなく、取引先や銀行にも配慮する必要があります。

　取引先は、「社長が交代したことで契約内容が変わったり、契約打ち切りになったりしないか」と疑っていますし、銀行も私の経営手腕がわかるまでは、新規の融資を認めてくれないかも

しれません。

　ですから今は、「最低１年間は何も変えず、先代社長と同じ実績をつくる」ことに注力しています。

　先代社長と同じ実績が出れば、まわりも「社長が交代しても、この会社の基本路線は変わらない」と安心してくれると思います。

　今、手をつけているのは、小さなことだけ。大きな組織改革は、社長としての実績を積んでからですね。

4

クレーマーのドロドロ

クレーマーとは断固戦う！
泣き寝入りはしない

クレーマーの対処法を経営計画書に明記

「クレーム」と「クレーマー」は違います。

クレーム

　お客様から見た業務改善の指摘。クレームをくださるお客様は、会社のサービス向上のためにも大切にする

クレーマー

　単に嫌がらせをしてくる人

「クレーマーとは断固戦う。泣き寝入りはしない」がわが社の方針です。

かつて、「あんたの会社のコールセンターは対応がひどい。不快な思いをしたのでおわびにこい！」とすごい剣幕で電話をかけてきた男性がいました。

　当社の丸岡正幸（現部長）がすぐにかけつけたところ、その男性は意外にも落ち着いた態度で、「立ち話もなんですから、中でゆっくり話しましょう」と、丸岡を招き入れました。

　丸岡が玄関の扉を閉めたとたん、相手の態度が豹変。いきなり口調が乱暴になり、

「いったいどうなっているんだ！」

「おまえじゃ話にならない。社長を出せ！」

　と威圧してきたのです。

　しかもその男性は、丸岡を威圧しながら、３台の携帯電話を使い分け、他の会社にもクレームを入れていました。

　それを見た丸岡は、ようやく理解しました。

「この人はプロのクレーマーだ。普段からいろいろなところにクレームをつけているに違いない！」

　その後、丸岡の上司だった小嶺淳（現本部長）も合流しましたが、相手は丸岡と小嶺に対してものを投げつけ威嚇。当たらないように、わざと少し外すあたり、実に手慣れたものです。

　彼らが解放されたのは、小嶺が現着してから３時間後。実質的な監禁です。相手は、「明日、本社に直接出向いて社長に会いにいくからな」と捨てゼリフを吐いたそうです。

　翌日、私は「安心しろ。俺が返り討ちにしてやる！」といって、玄関や社長室にカメラを設定して待ち構えていました。録画の準備をしたの

は証拠を集めるためです。

結果的に、何かを察知したのか、その相手はやってきませんでした。

その後、その男性はいろいろな企業ともめごとを起こしているクレーマー界の有名人であることが判明。こちらから契約を解除しました。

この事件が起きる前にも、当社の経営計画書には「クレームに対する方針」はありました。でも、この事件を機に、「クレーマーに関する方針」を新設しました。

クレーマー対処の６つのステップ

1　訪問するときは、必ず２人以上で行く。21時以降には行かない。ボイスレコーダーで会話を録音する

2　不当なお金を要求されたときは「そのようなお金を要求されますと、恐喝になりますよ」といって、その場を立ち去る

3　相手に脅されたり、大きな声を出されたりしたときは、「怖いです」ときっぱり伝える。そして110番通報する。「怖い」と叫ぶだけで恐喝罪が成立することがある

4　録音した音声を文字に起こし、弁護士に顛末書を送る。その後は弁護士の指示に従う

5　日頃から、交番や警察と良好な関係をつくっておく

6　お金を払わない人のクレーム対応はしなくていい

クレーマーの弱点を徹底的に攻め続ける

クレームといえば、こんなことがありました。

わが社では、全支店で朝礼を徹底しています。

あるとき、

「毎朝、うるせぇんだよ。寝てられねぇじゃねぇか！」

と怒鳴りつけてきた男性がいました。

その男性もクレーマーで、さまざまなところでもめごとを起こし、見舞金を要求していることがわかりました。

そこで私も「お金で解決する」ことにした。

調べたところ、その男性は、生活保護受給者だったので、私は次のように提案しました。

「お金は支払います。ですが、あなたの**所得になるような払い方**をさせていただきます。所得である以上、あなたは**収入申告**をすることになる。そうすれば今後、生活保護を受けられなくなるかもしれません。それでもかまいませんか？」

その男性は、「すみません」と謝り、やがて引っ越していきました。「小山の近くにいたら危険だ」と思ったのかもしれません（笑）。

こちらでクレーマーの弱点、欠点を徹底的に調べ上げ、**相手が音を上げるまで総力戦で攻め続ける**。それが私のクレーマー撃退法です。

問題解決の３つのポイント

・相手は「悪のプロ」と心得る。絶対に話に乗らない
・現場での単独判断をしてはいけない。オープンに話を進める
・録画・録音で証拠を残し、警察や弁護士と連携する

アドレス株式会社
（不動産の売買・仲介／福島県）
高尾昇社長

ダントツ
社長の
告白

**ある日突然、辞めた元社員から
「残業代を払え」と内容証明が！**

まだ当社の社員が5人しかいなかったとき、無謀にも、一度に5人の新卒社員を採用してしまいました。

この5人の新卒を教育するため、私は高校時代の先輩に力を借りることにしました。先輩は「人事、採用、社員教育のプロ」という前評判だったので、当社の顧問になってもらったのですが、この判断が、「労務と不倫のドロドロ」のきっかけになるとは当時は思ってもみませんでした。

小山社長に先輩を紹介しておこうと思った私は、先輩を連れ、指定された「歌舞伎町のキャバクラ」を訪れました。キャバクラでひととおり遊んだ後、小山社長は私に、こういいました。

「あの人はいろいろと問題を起こしそうだから、やめたほうがいい」

「やめたほうがいい」といわれても、もう入社していましたし、今さら先輩に「辞めてください」とはいえない。仕方なく、小山社長には内緒にして、先輩を雇用し続けました。

その結果どうなったか……。
新卒女性社員とデキてしまったのです！
当時、先輩は45歳、新卒女性は23歳。年の差不倫カップル

の誕生です。お恥ずかしい限りですが、当時は先輩だけでなく他にも社内不倫が横行していて、私は「すったもんだの最中に、さらに新しいすったもんだが……」と頭を抱えました。

　また、先輩に勧められて導入した営業支援システムがまったく役に立たず、売上が70%も落ちてしまったのです。

　さすがのバカ社長の私も、「このままではマズイ」とあわて、先輩に辞めてもらうことにしました。すると、先輩と一緒に、つき合っていた女性社員まで辞めていったのです。

　「これで一つ、すったもんだが片づいた」と安堵したのもつかの間、辞めた女性社員から、内容証明と未払残業の請求書が送られてきました。金額は「150万円」です。

　困りはてて小山社長に連絡をしたところ、小山社長は、

「すぐに、その女性の親に会いに行け」

といいます。

高尾：「行け」といわれても、彼女の実家は北海道の田舎町にあ
　　　るんです！

小山：北海道でもどこでも、日本国内ならどこだって行けるよ
　　　ね。

高尾：わかりました。では明日、さっそく北海道に行きます。
　　　先方には何といえばいいですか？　メモを取るので教え
　　　てください。

小山：とりあえず、あちらに着いたら電話して。

高尾：え、今教えてくれないの……？（心の声）

　　翌日、

高尾：今、北海道の田舎町に到着しました。これから彼女のお
　　　父さんと面会します。何といえばいいですか？

小山：高尾さん、いい？　こういいなさい。

「私の管理不行き届きで、娘さんが不倫をしてしまいました。
そのうえ、娘さんは会社を訴えてお金を取ろうとしています。
お金を払うのはやぶさかではありません。ですが、**汗をかかず
に、汗をかかず**にお金を手に入れるのは、本人のためにならな
い。ですからこの150万円は、娘さんにではなく、私からお父
さんに支払わせてください」。

「**汗をかかずに**」のところは大事だから、2度いうこと。

　　小山社長に教えていただいた内容をメモに取り、丸暗記して、
そのままお父さんに伝えたら、お父さんが、
「バカな娘ですみませんでした。
　ご迷惑をおかけしたのはこちらのほうです。

私が娘を説得して訴えを取り下げさせますので」
と頭を下げた。

　このときばかりはびっくらこきました（笑）。小山社長は、いともたやすく、この難題を解決したのです。

　翌日、当事者である元社員の女性から電話がありました。
「訴えを取り下げます。ただし、これ以上、私の人生に関わらないでください」

　私のほうこそこれ以上関わりたくありませんから（笑）、「了解です」と答えて、この件は収まったのです。

　私は、小山社長の指示をそのままお父さんに伝えただけです。
　たったそれだけで、**魔法にかかったように労務と不倫のドロドロが解決しました。**
　ちなみに、その女性から送られた未払残業の請求書を、なぜか今、小山社長が持っています(笑)。

【小山の経営公式66】

28 「社内不倫は厳罰処分」であることを経営計画書に明記する

29 飲み会では、男性社員と女性社員を個室で2人だけにさせない

30 借金が年収額を超えた社員は助けない

31 会社の経営を安定させるには、株式の67％以上を社長が保有する

32 後継者の経営手腕に不安があるときは、先代社長は拒否権付株式（黄金株）を持っておく

33 事業承継は「会社法」で考える

34 中小企業では社長が株を「独り占め」するのが正しい

35 事業承継後、後継社長は、1年間は何もしない

36 クレーマーとは6つのステップで断固戦う。泣き寝入りはしない

第4講　ドロドロ解決法

3月3日に
貯金33円で結婚した私は、
どうやって資金を捻出したか？

　私は44歳のとき、見合い結婚をしました。

　小山経営計画研究会（当時、経営サポート事業部はなかったのですが、私が個人的に「小山経営計画研究会」という私塾を開催していた）所属の三桝賢二社長（ダイコーフーズ株式会社、故人）から、

「小山さん、結婚する気あるの？　いい人いるけど、どう？」

　と声をかけていただき、「三桝社長が『いい人』というのだから、『いい人』であることは間違いない」と思い、「紹介してください」と即答。そして出会ったのが、カミさんです。

　私の目的は、恋愛を楽しむことではなく、「結婚すること」ですから、時間をかけるつもりはありませんでした。

　10月17日に紹介していただき、結婚の申込をしたのが、確か12月20日頃。1月19日に結納し、結婚したのは3月3日です。

　当時、私の年収は2200万円。でも、夜の街に"寄付"しすぎたせいで、貯金は33円しかなかった！（笑）

　結婚にはお金がかかる。私は一計を案じました。

　まず結納金。カミさんにバーター契約を持ちかけました。

「結婚式にかかる費用は、全部、俺が払うから。その代わり、結納金はチャラにしてほしい」

続いて、式場の費用をどうするか。

当社が懇意にしている吉祥寺第一ホテル（セミナーなどを開催）に相談したところ「前金が必要」だという。そこで私は、ホテルの宴会担当者にこういった。

「私の結婚式は、会社の行事と同じようなものですよ。会社の行事でこのホテルをお借りすると、月末締めの月末払いでしたよね。ですから、本来なら、前金を払わなくてもいいはずです。でも、それだとそちらにも迷惑をかけてしまうから、特別に式の1週間後にお支払いしてもいいですよ」

これで前金を払わなくてもよくなりました（笑）。

「会社の行事と同じ」といったものの、会社の経費で式を挙げるわけにはいきませんから、式場に支払う原資を確保しなければなりません。そこで私はどうしたか。

ご祝儀をアテにすることにした（笑）。

ご祝儀の額は、お祝いする側が決めるものです。

でも、お祝いされる側の私が「武蔵野の課長職以上は3万円」「経営指導を受けている社長は10万円」と決めた（笑）。その結果、"利益"が出て、式場にお金を支払うことができました。

結婚指輪を買うお金も、新婚旅行に行くお金もなかったので、セミナーを企画し、受講料を指輪の購入資金と新婚旅行資金に充てました。

多くの人は「貯金が33円しかないから結婚できない」と考えます。でも、私は違う。「結婚する」と最初に決定して、そのうえで、「どうやってお金を捻出するか」を逆算して考えた。経営も結婚も、うまくいくかどうかは「決定」で決まります（笑）。

わが社の経営ノート

この講義を振り返り、気づいたことを箇条書きにしてみましょう。
各講義末に気づきを書き留め、行動に変える「わが社の経営ノート」をつくり、チームで共有してみてください。きっとあなたの会社は変わり始めます。

第4講「ドロドロ解決法」

▶この講義での気づき

1.

2.

3.

▶わが社の喫緊の「ドロドロ解決法」の課題

1.

2.

3.

▶わが社で今すぐやろうと思ったこと

1.

2.

3.

第5講

一問一答
オープン質問会

社員の奥さんが、
会社の飲み会を嫌がるのですが、
どうしたらいいでしょうか?

小山社長から、

「飲み会も社員教育の一環」

「飲み会を会社の公式行事にしたほうがいい」

といわれ、社内の飲み会を奨励（しょうれい）しています。

今、当社の有望株である社員Aを本社から離れた〇×支店に赴任させているのですが、仕事の後に飲み会をすると、どうしても帰宅時間が遅くなります。どうやら、そのことをAの奥さんがよく思っていないようです。

Aにしてみれば、「支店を盛り上げるために、チームの団結力を強くしよう!」と張り切っているのに、奥さんに「帰りが遅い」「お酒くさい」といわれ続けているので、「妻に足を引っ張られている」と感じることもあるそうです。

どうすれば奥さんの協力を得られますか?

> ### ズバリ! 小山の 回答
>
> # 奥さんをお金で釣りなさい!

Aさんが飲み会をするときは、会社が飲み会の費用を負担するだけでなく、**Aさんに手当**を払えばいい。

そしてその手当を「**奥さんに渡す**」ようにＡさんにいっておく。要するに**奥さんをお金で釣る**わけです。

　ただし、他の支店長から、

「自分だって飲み会をしているから手当がほしい！」

「Ａさんだけ手当がもらえるのはズルイ！」

　といった声が上がるかもしれないので、そのときは管理職を集めてこういっておく。

「○×支店は本社から離れているので、通勤に時間がかかります。みなさんの自宅からも遠い。それでも○×支店に行きたい人はいますか？ 志願した人には**飲み会手当**を支払います。いなければ、Ａさんに支店長を続けてもらいます」

　おそらく手は挙がらないでしょう。

　それを確認したうえで、Ａさんに手当を支給すれば、他の管理職から不満が出ることはありません。

お酒を飲めば飲むほど、会社が強くなる理由

　当社ほど、社員がよく集まってお酒を飲む会社は少ないと思います。さすがにコロナショックで飲みに行けなくなりましたが、以前は１か月に10回以上、社員同士で飲みに行くこともありました。

　コロナショック後はオンライン飲み会がさかんです。

　当社の飲み会の多くは、公式行事です。あらかじめスケジュールを社員全員に公開しています。当社の結束力は、お酒代に比例して、強くなっています。

働き方改革が叫ばれている今、「飲みニケーション」は敬遠される傾向にあります。私が著書やセミナーでお酒の大切さに触れると、「時代遅れだ」「お酒が飲めない人だっているのに、お酒を強要するのはいかがなものか」「昭和的な発想だ」と批判的な意見をいただきます。

でも、ご安心ください。

当社の社員は基本的にお酒が大好き。上司が「飲め」といわなくても飲みます。

新卒社員の会社説明会でも、事前に「お酒が飲めない、あるいは、お酒を飲みに行くのが好きではない方は選考に進まないでください」と明言しています。新卒社員は、当社がお酒好きな人の集まりであることを百も承知のうえで入ってきます。ですから、飲み会を嫌うどころか、「会社の経費でお酒を飲めるなんてラッキー！」と考える人ばかり。

そんなわが社の社員は、早朝勉強会も日中の仕事も、**嫌々ながら仕方なく**しています。しかし唯一、飲み会だけは自主的に参加しています。

当社は教育研修費に**年間1億円**を使っていますが、そのうちの「**2500万円**」は、懇親会（飲み会）費用です。

決して少額ではありませんが、それによって社員同士の絆が深まるなら安いものじゃないですか。

　一般的に、懇親会費は、福利厚生費として処理されます。

　でも私は、「懇親会＝社員教育」と位置づけているため、「**教育研修費**」ととらえています。

　なぜ、お酒を飲むのが社員教育なのか。

　その理由は、２つあります。

❶ 部下が上司から「教わる」ことができる

　座学など、講義形式の社員教育は、講師が「教える場」であり、１対Ｎ（複数）が基本です。しかし、当社の飲み会は、１対少数、あるいは１対１（サシ飲み）で、**部下が「自分が聞きたいこと」を「教わる」**ことができます。

❷ 部下と上司が互いの本音を知ることができる

　飲み会は、結束力や団結力を強くする重要なコミュニケーションツールです。

　コミュニケーションの原点は、人と人とが顔を突き合わせて会話することです。飲食は心を和ませるのでよく話すようになり、人と人の垣根が低くなる。だから、互いの本音を聞くことができます。

　コロナショック後は当社でもオンライン飲み会を開催していますが、非常に好評です。時代の変化に合わせて形態を変えながらも、**コミュニケーションなくして社員や会社のバージョンアップはありえません**。その意味でもフェイス・トゥ・フェイスでの飲み会が大切です。

金利がもったいないので、「繰り上げ返済」をしてもいいですか？

　小山社長は常々、「無借金経営はダメだ」といっています。

　確かに、どんなに儲かっていても、現金がなければ、賞与も、給料も払えません。運転資金が尽きて、取引先への支払いや銀行への返済ができなくなると、会社は倒産します。

　反対に、支払いや返済ができるなら、会社がどれだけ赤字であっても会社は存続できます。

　私自身、経営で一番大切なことは、「お金を回し続けること」なので銀行から借入れをしていますが、正直にいえば、金利負担も大きい。今すぐ繰り上げ返済してもいいでしょうか？

ズバリ！小山の回答

資金に余裕があっても、繰り上げ返済するな！

「金利が高くても、返済期間は長く」が借入れの基本方針です。

「金利は安く、返済期間は短く」すると、資金繰りが苦しくなります。

　赤字のときはリスクがあるから、どうしても金利が高くなる。

　ところが業績がよくなったとたん、「高い金利を払うのは損だ」と多くの社長が考えます。その気持ちもわかりますが、**資金に余裕があっても、繰り上げ返済をしてはいけません。**なぜなら、繰り上げ返済をする

と銀行が損をするからです。

　銀行が融資をする際、「この会社にこれだけのお金を貸すと、これだけの金利が得られる」という「期限の利益」をあらかじめ計算しています。ですから、期限より前に返済されると、銀行の利益が少なくなってしまう。

　銀行は敵ではなく、ビジネスパートナーです。

　だから、自社都合で繰り上げ返済をしてはいけません。

　約束したとおりに返済するのがルールです。

　サポート会員の社長から、

「金利を安くする方法はありませんか？」

　と相談をされたとき、私はこう答えています。

「銀行は、あなたの会社が危ないときでもお金を貸してくれましたよね。それなのに、あなたの都合で『金利を安くしてくれ』というのは、**恩を仇で返すことと同じ**ですよ」

　繰り上げ返済してもいいのは、銀行から返済要求があったときだけ。そのときも、**他行からの借入れを増やしておく**。そうしないと、運転資金が回らなくなります。

　当社が高い金利を払ってまで必要もないお金を借りているのは、いざというときの備えです。

　当社の経営計画書には、

「**月商の３倍の現金・普通預金を確保し、緊急支払能力を高める**」

　と明記しています。

　緊急性の高い事態が起こったときでも、「月商の３倍の現金・普通預金」（月商３億円なら９億円）を確保していれば、動じることはありま

せん。

　当社は2018年12月13日時点で、「**23億1500万円**」の現金を持っていて、そのうち借入金は約20億円です（借金総額と同等以上の現金・普通預金を保有しているので、実質無借金経営）。2020年5月13日現在でも15億円の現金を持っています。

　だから、コロナショックで今後、10か月間、売上がダウンしてもビクともしない。今までと同等の給料を社員に毎月払い続けられる体力がある。

　これだけの現金があれば、不測の事態に見舞われても、立て直すことができます。銀行からお金を借りるのは、「**立て直すための時間を買う**」ことと同じ。多くの社長が「金利」を得か損かの損得勘定だけで見ていますが、私は「**金利は保険料**」だと思っています。

　私は常に「ありえないこと」に備え、毎月金利を払っています。

　会社が天変地異や火災に遭ったときのために「損害保険」、社長や家族に何かあったときのために「生命保険」に入っています。

　でも、大半の社長が気づいていませんが、コロナショックのような会社存亡の危機に立たされたときに助けてくれる保険金はありません。私はそれこそが「金利」だと思うのです。

従来の金利の概念を今すぐ変えないと、社員を路頭に迷わせかねません。

「無借金経営のA社」に 「借金経営のB社」が圧勝する理由

当社は20億円の借入れをするのに、年間約2500万円の金利を払っているので、「**1億円借りると、125万円の金利**」が発生しています。

仮に、「無借金経営のＡ社」と「借金経営のＢ社」の経常利益が、ともに「2000万円」だとします。

> ・Ａ社……2000万円－1000万円（税金）＝1000万円（会社に残る現金）
>
> ・Ｂ社……2000万円－1000万円（金利）＝1000万円
> 　　　　　1000万円－500万円（税金）＝500万円（会社に残る現金）
> 1000万円の金利を払った場合、金融機関から借りられるお金は「８億円」（当社と同じ金利で計算）
> 　　　　　500万円＋８億円＝８億500万円（会社に残る現金）

経常利益は同じでも、「無借金経営のＡ社」と「借金経営のＢ社」では、**会社に残る現金の額**が違います。

現金が「1000万円」しかないＡ社と、「８億500万円」もあるＢ社が同じ土俵で戦ったら、**「借金経営のＢ社」が圧勝**するのは当然です。

Ｂ社はその多額の現金を、お客様の**数**を増やしたり、**ITへの設備投資**など、「規模の拡大」に使えるからです。

ダントツ社長の告白

ランドマーク税理士法人
（相続税申告専門の税理士事務所／神奈川県）
清田幸弘 代表

**借金経営で
売上9億円から24億円へ！**

　私は、これまでずっと「無借金経営」を目指していました。

　会計業界に身を置く税理士として考えれば、「借金はあまりしないほうがいい」と思っていたからです。

　でも、小山社長の指導を受けてからは、積極的に銀行から融資を受けています。会社を大きくするにも、社員教育をするにも、変化に備えるにもお金が必要ですし、何より現金を持っていないと、社長の仕事である「決定」や「チェック」ができません。

　一般的に税理士や会計士は、顧問先の社長に「借金はしないほうがいいですよ」といいますが、私はその逆。「安定的に利益を伸ばすには、借金も必要」とアドバイスしています。

　税理士法人は仕事柄、金融機関からお客様を紹介されることも多いので、金融機関との円滑な関係を維持する意味でも、借入れを増やしておくことが大切です。小山社長がよく「銀行を味方につけろ」というように、資金を供給してもらうためにも、お客様を紹介してもらうためにも、積極的に借入れをしています。

　年々、金融機関経由の仕事も増えていますが、同時に人材育成が急務です。そこは小山社長の指導回数を増やしてもらうことで対応中です。その効果か、この3年間で、売上は9億円から24億円までに急成長しています。

どうすれば、応用力や発想力が
身につきますか？

　小山社長は、自社を18年連続増収に導くだけでなく750社超を指導し、多くの実績を残しています。

　独特のリーダーシップと発想力で常に現場に変化をもたらしています。どうすれば、小山社長のような発想力が身につくのでしょうか。小山社長がアイデアや発想力を養うために日々実践されていることがあれば教えてください。

ズバリ！ 小山の回答　**「今が最高」「今のやり方が正しい」という考えを捨てなさい**

　新しいビジネスモデルや新しいしくみを導入したいなら、従来の考え方にとらわれず、発想を転換する必要があります。

　私は、以下の「**10の発想法**」を取り入れています。

●発想法①　何事も前向きにとらえる

　よく「小山さんって悩みはあるんですか？」と聞かれます。

　もちろん私だって、人並みの悩みはあります。

　悩みは一向になくならないので、「なくならないなら友だちにすればいい」が私の持論です。**悩みは一生の友だち**。だから、大切にしていくしかない。**悩みとは仲よくつき合うのが、正しい。**

【 小山式10の発想法 】

発想法① 何事も前向きにとらえる
発想法② 感性を磨く
発想法③ 年下の話を謙虚に聞く
発想法④ 自分への投資は惜しまない
発想法⑤ いつでもどこでも、ひらめきメモ
発想法⑥ 机上の理論より実際の現場
発想法⑦ 大局観を身につける
発想法⑧ マネは最高の創造
発想法⑨ 限界にチャレンジし自分の殻を破る
発想法⑩ 何でも疑問に思う「逆発想」

　最後の最後のまた最後、そのまた最後まで努力を続ければ、必ず乗り越えられる。悩みや苦しみを抱えていても、歯を食いしばってやりすごし、乗り越えられたとき、**かけがえのない財産**に変わります。

　今の悩みや苦しみも、いつかは過去のものになる。失敗を教訓として学び、改善を重ねられたら、**過去はすべて「善」**です。あらゆる人にとって「無駄な過去」は存在しません。

●発想法②　感性を磨く

　人間は、命令されても変わりません。自分で気づいて初めて変わります。

　「気づき」は感性。感性は、持って生まれたものではありません。**訓練によって育てるもの**です。

　では、どうすれば「感性」は磨かれると思いますか？

　感性を磨くには「**実際に体験してみる**」のが一番です。

新しい体験をして、「ああ、なるほど。そういうことだったのか」と発見を重ねていくうちに感性が磨かれ、物事を正しく判断できるようになります。気づきの経験をたくさんした結果として、「この場合はこうしたほうがいい」と思い描けるようになります。

●発想法③　年下の話を謙虚に聞く

　私は若いときから、自分よりも「年下の人」の意見を大切にしてきました。時代観を見据え、世の中がどのように変化していくのか、仮説を立てたいなら、**年下（若手）の話に耳を傾けるべき**です。

　20代の若い社長の中には「マネジメント能力も組織力もないけれど、会社の業績が伸びている」社長がいます。

　こうした社長は、古い世代にはない瑞々しい感性を身につけている可能性がある。そこで私は、相手の相談に乗る前に、

「あなたの会社のことがわからないと正しい判断ができないので、どういう仕事をしているのか、ビジネスモデルを詳しく教えてもらえますか？」

　と尋ね、説明してもらう。すると、「へぇ〜、そんな売り方をしているのか」と気づかされることがたくさんあります。

　当社のバックヤードのIT化が日々進化しているのは、年下社長から新しい技術・概念を教えてもらい、それを**素直に**取り入れているからです。

●発想法④　自分への投資は惜しまない

　普通の人は、お金を払って「形のあるもの」を買おうとします。腕時計、カメラ、車、洋服……。

　でも、私の場合は、「**形のないもの**」に投資します。「形のあるもの」は、最低限度持っていればいい。

　自己投資とは、物欲や所有欲を満たすことではなく、「**経験に投資す**

る」ことです。

「形のあるもの」は、減価償却で少しずつ価値が減っていきます。けれど「経験」は、時間が経っても目減りしません。それどころか、経験を積めば積むほど、価値が大きくなる。特に失敗の経験は、社長を大きく成長させます。**失敗経験は「一歩前進」**であり、決して後退ではありません。

●発想法⑤ いつでもどこでも、ひらめきメモ

悩みを抱えたとき、実力のない社長は、次のような**「しりとり発想」**で悩みを解決しようとします（→次ページ）。

目の前に「鞠」があったら、

「鞠」→「リンゴ」

「鞠」→「リス」

「鞠」→「リヤカー」

「鞠」→「理科」

と、悩みを縦につなげて考える。関係がありそうなものを「前へならえ的」に並べて、「前からそうしているから」「以前、それでうまくいったから」など、従来の考え方の延長線上で対処しようとします。

でも、それでは新しい発想を生み出すことはできません。

私は、「ロータリー発想」で物事を考えています。

悩みを縦につなげるのではなく、**円形に配置**しておきます。

そして、「鞠とカップ」はどういう関係になっているのか、「鞠と時計」は、「鞠と携帯電話」は、「鞠と自動車」はと、一見、関係がなさそうに見えるものを組み合わせて考える。だから、形式や過去にとらわれずに、新しい解決策をひらめくことができる。

私が1989年に社長になって以来、飲み会の席で割り箸入れの裏に書き

しりとり発想

従来の延長線上で考える方法

ロータリー発想

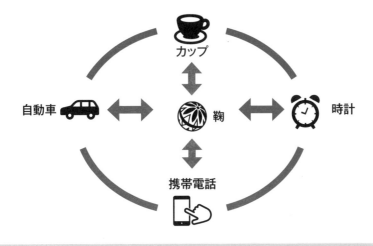

一見、関係がなさそうに見えるものを組み合わせて考える方法

続けたメモが一冊になったのが、ロングセラーとなっている『改訂3版 仕事ができる人の心得』です。それが早朝勉強会の不動のテキストになったのだから、人生はわからないものです。

●発想法⑥　机上の理論より実際の現場

企画やアイデアは、会議室で考えるものではなく、現場で考えるものです。現場を知らない人に企画を考えさせても、うまくいくわけがありません。

普通の会社は、コンピュータに詳しい人にシステムを構築させます。

しかし、わが社は違います。

ダスキンの配達に詳しい人にシステムを構築させています。

現場をよく知る社員にコンピュータを教え、システムを組ませる。すると、コンピュータに詳しい人に作業させるより手間はかかりますが、現場のことがわかっているだけに、**使い勝手がいいシステム**が完成します。

●発想法⑦　大局観を身につける

大局観は、物事全体についての見方、考え方のこと。

多くの社長が「木を見て森を見ず」に仕事をしています。

それどころか、木すら見ておらず、枝葉だけ見ているケースも珍しくない。

大切なのは、**森を見る**こと。すなわち大局観を持って「全体のしくみがどうなっているのか」を読み解くことです。

●発想法⑧　マネは最高の創造

独自性にこだわって、何もないところから手探りで始めるより、「**うまくいっていること**」をマネしたほうが、業績は早く上がります。

我流・独学ではなかなか結果は出ないから、そのままマネをする。

マネは最高の創造です。経営は芸術活動ではないので、他社のマネをすることは決して恥ではありません。

●発想法⑨　限界にチャレンジし自分の殻を破る

以前、20代の社員を集めて「10年後の組織図」を書かせたことがあります。そのとき「自分は課長になっている」と書いた人は、その後本当に課長になりました。「部長になっている」と書いた人は、部長のポジションに就きました。みんな、思い描いた結果を手にしたわけです。

しかし、「それ以上の出世」はしていません。どうしてでしょうか。

それは、自分で出世の限界を決めてしまったため、それ以上の努力をしなくなったからです。

私はこれまで、目標を達成したことが一度もありません。

目標の数字を大きく掲げ、**過去に一度も達成したことがないのが私の自慢です**。武蔵野以前も含めると、社長になって43年間、私は前年の売上を下回ったこともありません。しかし、直近の2020年4月期の決算は、新型コロナウイルスにやられて初めて前年を下回りました。

目標を達成して喜ぶのは計画が甘かっただけ。自分が努力していなかったという評価にすぎません。

今の時代、大切なのは知識ではなく、**知恵**です。知恵を得るには、体験すること。勉強をすれば知識は身につくが、体験がともなっていないと現場で役に立たない。

知恵は、困ったときにしか生まれません。

「どうしたらいいか」と困るから、「そうか、こうすればいいんだ」と新しい発想に気がつけます。

では、「困る」にはどうしたらいいのか。

高い目標を持って、**常に限界にチャレンジ**することです。

●発想法⑩　何でも疑問に思う「逆発想」

　第三者から、

「どうして、こうできないのですか？」

「それに対して、どうするつもりですか？」

　と指摘されると、多くの社長は、

「そんなこといったって、無理」

　と思考停止になります。

　でも私は、違う。

「本当に無理なの？　できるようにするには、どういう方法があるか？」を**プラス思考**で考え、実際にやってみる。だからどんどん改善が進む。

「こうやったら、うまくいくのでは？」と仮説を立てたが、やってみたらうまくいかなかった。そんなときは「逆発想」で**「反対のこと」**をやってみるのも一手です。

　売り手は「高く」売りたいと考え、一方で買い手は「安く」買いたいと思う。売り手が「高く売りたい」のは、「安くすると儲からない」と考えるから。

　でも、この考え方は、**間違っている**。

　安くても、数が売れれば、儲かる。

　私も新人時代は「いかにサボるか」だけを考えていました。

　夏場の外回り中でも、「暑いのに外なんか出ていられるか」と、日中は喫茶店で高校野球を観戦し、夜から営業していました。

　日中、必死に歩いたところで、お客様は相手をしてくれません。

私と同じような営業マンが何人も押しかけてきて、うんざりしている
からです。
　でも夜なら、ライバルがいないので、じっくり営業できる。
　それでいて、「こんな夜遅くまで頑張るなんて偉いな」と好印象を持
ってもらえる。働き方改革が進んだ今のご時世では限界もありますが、
当時としては相当うまくいった手法です。
　ライバルを出しぬくには、こうした「逆発想」が必要です。

退職金制度は
つくったほうがいいですか?

　現事業の売上を伸ばすために、M&A（Mergers and Acquisitions/企業の合併と買収）をしました。合併先のA社女性社員から、「退職金制度はないのですか?」と聞かれました。当社にもA社にも、これまで退職金制度はありません。企業規模が大きくなると、退職金制度を新設したほうがいいでしょうか?

**ズバリ!
小山の
回答**

退職金制度をつくるより、嘱託社員としての再雇用制度の充実を

　当社には、20年前はありましたが、現在、退職金制度はありません。その代わり、嘱託社員（非正規雇用）としての**再雇用制度**があります。

　多くの人がこの女性社員のように、「退職金のある会社がいい会社だ」と思っています。

　でも、一概にそうとはいえません。

　退職金があってもなくても退職者は出ます。

　私は、退職金がなくても、**嘱託社員として再雇用してくれる会社のほうがいい会社**だと思っています。

　2018年に東京都産業労働局が中小企業1060社（規模：10〜299名）に行った調査によると、定年退職金の金額幅は「1000万〜1100万円」です。わかりやすくいうと、年収500万円の人が、定年退職するときに

1000万円の退職金をもらっても、たった２年分しかありません。

　ところが、嘱託社員として再雇用されれば、年収は下がっても、２年以上働くことができます。したがって、退職金をもらうより、嘱託として働いたほうが得だと考えることもできます。

古参社員が やる気社員に変わる方法

　ただし、誰もが嘱託社員になれるわけではありません。

　わが社の経営計画書には「本人と会社の希望が合致するときは、嘱託として働くことができる」と明記しています。

　本人が「定年退職してからも当社で仕事がしたい」と思っても、会社が「NO」といったらなれない。

　定年退職の年齢が60歳とすると、普通の会社では58歳くらいから頑張らなくなります。ところが当社の社員は違う。

　嘱託社員として再雇用されるには、会社に認められないといけないので、社員は60歳まで目一杯頑張ります。

　古参社員の大﨑寿行はかつて、「定年まで無理なく働き、ほどほどの給料をもらえればいい」と考えていました。

　私が大﨑に冗談で「平社員は再雇用しないよ」といったら、大﨑は「60歳定年までに課長にならないと再雇用してもらえない」と勘違いして、急にやる気を出した（現在は課長）。**再雇用制度は古参社員のモチベーションを上げるしくみ**でもあるわけです。

　無事に嘱託社員になれても、喜んでばかりはいられません。

　嘱託社員は、**１年ごとの契約**で、翌年以降も契約してもらえるように一所懸命働きます。社員は定年後もお金がもらえる。会社はシニア社員を戦力化できる。退職金制度をつくるより、再雇用制度を整備したほう

が、社員と会社がウイン・ウインの関係になります。

実力不足の部長を
降格させるか否か?

うちの会社では、事業部長に抜擢した31歳の男性社員がいます。
同期の女性部長と比べると実力が劣るので、彼をどうやって教育
していけばいいのか、彼女との差をどうやって埋めていけばいいの
か悩んでいます。あるいは、部長職から外したほうがいいのでしょ
うか?

**ズバリ!
小山の
回答**　　**地位や環境が人を育てる!
復活のルールをつくっておきなさい**

男性部長と女性部長の能力差を埋めるには時間がかかります。
「今すぐ、どうにかする」と考えるより、5年、10年先を見通した社員
教育をすべきです。

わが社は社員の業務能力や業務適性を把握するため、公益財団法人日
本生産性本部が提供する「エナジャイザー」を導入しています。
エナジャイザーからわかるのは、一般的に女性は男性よりも几帳面
で、決められたことを決められたとおり、きちんとやる能力が高い。一
方、男性はいいかげんなところがある。男性は女性に比べると、同じお

客様に、同じ商品を繰り返し売るのが苦手で、決められた仕事から脇に外れたい傾向が見て取れます。

　これらを踏まえたうえで教育すべきです。

　当社の社員数は280名。うち課長職以上は「152名」います。

　石を投げたら課長に当たる（笑）。他の会社では課長になれない人でも、この会社なら課長の名刺が持てる。

　私は「**地位や環境が人を育てる**」と考えています。課長の実力があるから課長にしたのではありません。**課長にしたから、課長の実力がついてきた。**できるからやらせたのではなく、**やらせたからできるようになった。**

　できるかできないかは、やらせてみなければわからない。できなくて失敗しても、「**なぜできなかったか**」「**どうすればできるようになるか**」**を振り返る**ことが、社員教育の要諦です。

　その男性社員を降格させるか否かは、「女性部長に比べて劣る」といったあいまいな基準ではなく、人事評価制度に則って正しく評価して決めたほうがいい。下に落とす場合でも、**復活のルール**を設けておくことです。

普通の会社の場合、いったん降格すると、なかなか上がれず、社員は
やる気をなくし、退職してしまう。けれど当社の場合は、更迭されても
退職する社員はいません。

なぜなら、「復活のしくみ」が明確だからです。

更迭されても、下のグループで**「3年以内にA評価」を取れば、昇格
ポイントに関係なく復帰**できます。これは、相撲の番付と同じ。大関は
角番(かどばん)で負け越すと、大関から陥落します。でも、次の場所で10勝以上で
勝ち越せば、自動的に大関に復帰する。更迭されれば、もちろんくやし
い。それでも当社の社員が明るいのは、数字を上げれば復活できるしく
みがあるからです。

質問6

借金に苦しむ27歳社員を
更生させる方法は？

入社5年目、27歳の男性社員が生活に困窮(こんきゅう)しています。

彼はうちに入社する前、前職時代に300万円以上の高級車をロ
ーンで買いましたが、年老いた親が病気になり、お金が必要になり
ました。けれど貯金もなく、車のローンも残っています。毎月の収
支は赤字で、「もっといい給料がもらえるところに転職したほうが
いいのでは……」と考えているようです。

車はすでに売却しましたが、それでもローンが200万円くらい
あり、毎月5万円も返済しています。

この社員の生活を立て直すには、どうすればいいでしょうか？

上司が部下のお金を管理しなさい！

　安易に会社が社員にお金を貸すのはダメ！

　法律に違反しない範囲で残業をさせる（残業代を支払う）など、その**社員の可処分所得が増えるようにする**のが一番です。

　当社にも借金苦にあえぐ社員がいますが、その場合は次の方法で立ち直らせます。

1　社員のクレジットカードとキャッシュカードを取り上げる
2　上司が社員の給料を管理する（固定費以外の生活費を4等分して、1週間ごとに上司が部下にお金を渡す）
3　10万円くらいのコミッション（売上に応じた歩合）がもらえる仕事に異動させる

　借金苦の社員を救うには、とことん粘り強くやっていくことが大切です。

質問7

営業担当へのコミッション額はいくらが妥当か？

　営業担当者にコミッションをつけようと思っています。

　1か月の売上に対して、どれくらいのコミッションを支払うのが妥当でしょうか？

売上ではなく、
件数連動のコミッションを！

　ダスキン事業部のコミッション平均額は、毎月10万円くらいです（一般社員のみ。管理職にコミッションはありません）。コミッションだけで、毎月15万円稼いだ若手社員もいます。

　コミッション制を導入する場合のポイントは２つあります。

　一つは、「**低いレベルから始める**」ことです。

　最初から高いレベルを設定せず、低いレベルから徐々に上げていきながら、適正を見極めます。

　もう一つは、「売上の何％」ではなく、「**１件いくら**」と契約件数（購入件数）と連動させることが大切です。上限を最初から決めておかないとエスカレートするので要注意です。

　かつて私は、「ダスキン事業部で一番売れているのはモップだ」と思い込んでいましたが、データ分析の結果、「まったく違う商品が一番売れている」ことがわかりました。

　非常にショックでしたが、売れている商品がさらに売れるために、「一番売れている商品」のコミッションを「1.5倍」に引き上げました。結果、売上を大きく伸ばすことができた。**件数に連動**させるようにすれば、こうした対策も可能です。

残業を減らしても、
社員の可処分所得を減らさない
しくみを教えてください

　残業を減らし、休日を増やすと、当然、社員の給料は下がります。そのことに不満を覚えている社員に「残業を減らした功績に対しては、きちんと還元する」といっていますが、なかなか理解してもらえません。どうすれば、残業削減の取り組みに弾みをつけることができるでしょうか？

ズバリ! 小山の 回答	残業削減の取り組みの一環として、 賃金テーブルを変えなさい！

　当社は「賃金テーブル」に基づき、基本給を支給しています。

　賃金テーブルのヨコ軸は「等級」です。

　等級とは、社員を役割やスキルによって区分すること。

　1等級と2等級は一般社員、3等級は課長、4等級は部長など、等級で区別しておけば、どの社員が、どんな役割を担っているかが一目瞭然です。

　賃金テーブルのタテ軸は「号俸」。

　号棒とは、その等級の中でどのくらいの位置にいるかを表しています。

役割やスキルの区分

等級内の位置

当社は、中卒（15歳）を「1等級1号俸」として規定しています（「4大卒」は「2等級」で採用）。

号俸は、評価によって昇給します。

1年間の評価がS評価だと6号俸、A評価だと5号俸、B評価だと4号俸、C評価だと3号俸、D評価だと2号俸上がります（ただし、新卒の最初の評価はB評価）。

当社では、残業削減と新卒採用の促進を図るため、定期的にベースアップを実施（「1等級1号俸」の金額を上げる）。

大卒の初任給（2等級）が**21万円**を超えるように賃金テーブルを改定しました（→右図）。

「1等級1号俸」の金額を上げること

当初私は、新卒の基本給を上げれば、人を採用しやすくなると考えていました。けれど、新卒の基本給だけを上げることはできなかった。賃金テーブル全体の整合性が取れなくなるからです。

結果的に、2020年に賃金テーブルを変更しました。旧賃金テーブルの1等級1号俸17万1000円を新賃金テーブルでは18万2100円に変更。増額幅は1万1100円（6.5％アップ）と自分でもびっくり。なんと、課長ク

旧

号棒	1等級 一般職	2等級 総合職
1	171,000	190,180
2	172,370	191,900
3	173,740	193,620
4	175,110	195,340
5	176,480	197,060
6	177,850	198,780
7	179,220	200,500

大卒初任給

新

号棒	1等級 一般職	2等級 総合職
1	182,100	200,300
2	183,400	201,930
3	184,700	203,560
4	186,000	205,190
5	187,300	206,820
6	188,600	208,450
7	189,900	210,080

大卒初任給が
9580円アップ

ラスでは「**1万8000円**」も基本給が上がってしまい、内心、こんなに人件費が上がるのか！　と泣きそうになった（笑）。基本給が1万8000円以上アップしたのは久木野厚則本部長、日高歩美課長、鈴木美香パート課長の3人です（新型コロナウイルスが終息後に実施）。

　ちなみに大卒新入社員の初任給は上図のとおり**9580円アップ**し、21万80円となりました。

　賃金テーブルを改定したことで、新卒採用面でも、残業削減面でも大きな成果が出ています。

社員との飲み会を
「キャバクラ」で
やってもいいですか?

　小山社長は、かつて "歌舞伎町の夜の帝王" と呼ばれるほどキャバクラ通いをしていましたが、社員との懇親会をキャバクラでやってもいいですか?

ズバリ!
小山の
回答

大義があれば問題なし!

「社員とキャバクラに行ってはいけない」という法律はありません。キャバクラに行くのはウェルカムです。

　私は結婚してから65歳まで、歌舞伎町に少なくても「4億5000万円以上」は投資しています(笑)。それもすべて自腹で。

　私がキャバクラに社員を連れていくのは、夜遊びをしたいからではありません。大義があるのです。

　私にとってキャバクラとは、**社員教育の場であり、社員の特性を知る場**です。

　社員の店内での立ち居振る舞いを見れば、その人の特性を見極められます。豪華な調度品、洗練された接客にも臆することがない社員は「積極的」だとわかります。

　社員にはお店に入る前に、**「キャストに名刺を渡してはいけない」「メ**

ールアドレスを交換してはいけない」「電話番号を教えてはいけない」
といい含めています。すると社員たちは「もちろんですよ、小山さ
ん！」と返事をする。しかし、誘惑に抗うことはできません。私の目を
盗んで、こっそりメモや名刺を渡してしまう。

　彼らは、「内緒にしておいてね」とキャストに口止めしますが、私に
は筒抜けです。

　あらかじめ私がキャストを集め、「うちの社員から連絡先を聞き出し
たら、チップははずむよ」と頼んでおいたからです。

　キャストの誘惑に撃沈した社員には、高い守秘義務が課せられる仕事
を任せることはできない。したがって、守秘義務がそれほど重視されな
い仕事を与え、成果を出させます。

　一方、最後まで誘惑に負けなかった社員は口が固いので、守秘義務が
必要な仕事を任せても大丈夫です。

　キャバクラには女性社員も連れていきます。

　そのとき、私は女性社員に**「必ずトイレを見てくるように」**といいま
す。

　キャスト用のトイレには、**「どのようにお客様と接し、どのようにお
金を落とさせるか」**を書いたマニュアルが貼られているからです。
**「一見、華やかに見えるキャバクラ嬢は、実は熾烈な女の争いをしてい
る」「生半可な気持ちでは、夜の仕事で勝ち残っていくことはできない」**
ことを女性社員に肌で感じてもらう。これも、れっきとした社員教育で
す。

環境整備は
「毎朝30分」ではなく
「毎朝20分」でもOK？

　小山社長と出会ってから、毎朝30分、環境整備に力を入れています。でも、どうしても朝は忙しいので、30分を20分に短縮したいです。小山社長はどう思われますか？

環境整備は事業の根幹！
20分でもやらないよりマシ

　当社では、朝30分の掃除こそ人材教育と組織改善の基本と位置づけ、この清掃活動を「環境整備」と呼んでいます。

　わかりやすく「掃除」と表現していますが、厳密にいうと、**環境整備と掃除は似て非なるもの**です。

　一般的な掃除は、掃いたり、拭いたりして、ゴミやホコリ、汚れなどを取り去ることですが、環境整備は、勤務時間内に職場環境を「整理」「整頓」する活動です。

環境整備

仕事をやりやすくする「環境」を「整」え、「備」えること

整理

「捨てる」こと。必要なものと不必要なものを分け、徹底して捨てる。やらないことを決める

整頓

物の置き場を決め、**向きを揃え**、いつでも、誰でも使える状態を保つこと

　1日も休むことなく、ひとりの例外もなく「毎朝30分、掃除をする」のがわが社の方針です。

　1日、2日掃除をしなくても、会社が目立って汚れることはありませ

●環境整備で「整理と整頓」

ん。けれど、それでも毎日やる。毎日やるからこそ、**組織としての一体感を保つことができます。**

　みんなで一斉に毎朝、環境整備をすると、「あ、ここが汚れている」「廊下のワックスがハゲてきたな」「廊下のここが傷ついている」「エアコンのフィルターも換えどきだ」など、さまざまな気づきが共有されます。この気づきが社員の**感性**を育みます。

　環境整備は毎朝30分が基本ですが、30分が難しいなら、20分でもいい。やらないよりは全然マシです。

　でも、10分短縮した結果として会社の業績が悪くなる場合も考えられるので、きちんと検証・結果をリサーチすること。そして、**「業績が悪くなったら30分に戻す」**というルールを明確に決めておくことが大切

です。

環境整備の詳細は、『朝30分の掃除から儲かる会社に変わる』と『【決定版】朝一番の掃除で、あなたの会社が儲かる！』（以上、ダイヤモンド社）を熟読してみてください。実践すれば、あなたの会社も必ず変わります。

質問 11

各事業所の数字を
管理したいのですが、
何から始めたらいいでしょうか？

　ここのところ売上が芳(かんば)しくありません。そこで役員会で話し合って各事業所の数字を管理するために、見える化、グラフ化して社内に貼り出すことを決めたのですが、実際のところ、役員が何もしなくて困っています。どうすれば役員たちは動いてくれるでしょうか？

ズバリ！小山の回答

アセスメントをして「できていること」「できていないこと」を評価しなさい

　なぜ役員がやらないかというと、役員が「どのように管理していいか」「何をどう見ればいいか」がわかっていないからです。

　大事なのは、**数字のアセスメント(評価)**をすることです。

　各事業所の数字が出たら、定期的に次のことを評価します。

237

1 成果が出たことは何か
2 成果が出なかったことは何か
3 どうして成果が出たのか
4 どうして成果が出なかったのか

「アセスメント」を省くと、よいこともダメなことも、同じことがいつまでも続いてしまう。だから、その都度、妥当性を精査する必要があるのです。

「うまくいっているのか」「うまくいっていないのか」「その中間なのか」を評価し、「うまくいっている」なら今と同じアクションを継続（あるいは、社内リソースをうまくいっていることに集中）。

　うまくいかない、または、その中間なら、「このままの状態が続いたらどうなるのか」「最悪の事態を想定するとどうなるのか」といった評価を行ったうえで、改善策・対応策を考えます。

　当社は、長期計画も、月々の実行計画も、定期的にアセスメントを実施し、改善に結びつけています。
　さまざまな会議が開かれますが、私は社員の報告を聞きながら達成状況をチェックし、その場で「アセスメント」して、「これは続けよう」「これはやり方を変えよう」「これはやめよう」と次の指示を出しています。
　「やりっぱなし」のままでは、会社を改善することは不可能です。

給料の前借りは
いくらまでならOK?

　社員から給料の前借りを頼まれたとき、いくらまでなら払っていいでしょうか?

　月の給料が手取り20万円としたら、20万円全額、前借りさせてもいいでしょうか。それとも半分の10万円くらいが妥当でしょうか?

ズバリ!
**小山の
回答**

目安は毎月の給料の一定額!

　全額は多すぎる。半分も多すぎる。3万円くらいでちょうどいい。多すぎても少なすぎても社員をダメにします。数人の社員には、企業・従業員のための新型福利厚生サービス「前払いできるくん」を利用させています。

　私もかつて、創業者の藤本寅雄に前借りを頼んだことがありました。

　私は東京経済大学在学中に、株式会社武蔵野(創業時の社名は日本サービスマーチャンダイザー)の創業者・藤本寅雄と知り合いました。確か、1968(昭和43)年の5月か6月だったと思います。

　山梨から通勤していた私は家に帰るのが面倒で、1週間の半分くらいは藤本の家で寝泊まりしていました。

　風呂は一番風呂。冷蔵庫から勝手にビールを取り出す。飲みながら藤

本にいいたいことをいう。それでも藤本は、いつも黙って聞いていました。

　月の売上が1000万円の時代に、１か月間の販促費として1000万円を使わせてもらったこともあります。虎の子のお金はすぐに消えてなくなりましたが、藤本は、**小言一ついわなかった。**

　また、私が勉強に燃えていたときは、「賞与前借りで」といって全国の加盟店に勉強に行きました。でも実際には、一度も賞与からお金を引かれたことはありません。

　今日の私があるのは、**藤本が大きな経験をさせてくれたから**です。

【小山の経営公式66】

37 飲み会は、結束力や団結力を強くする重要なコミュニケーションツール

38 コミュニケーションの原点は、人と人とが顔を突き合わせて会話をすること

39 金利は"保険料"。資金に余裕があっても、繰り上げ返済をしてはいけない

40 月商の3倍の現金・普通預金を確保し、緊急支払能力を高める

41 マネは最高の創造

42 「今が最高」「今のやり方が正しい」という考え方を捨てる

43 退職金制度より嘱託社員としての再雇用制度を

44 地位と環境が人を育てる。降格しても「復活のルール」をつくっておく

45 賃金テーブルを変え、残業減でも社員の可処分所得を増やす

46 キャバクラは社員教育の場であり、社員の特性を知る場

武蔵野社員のおバカ列伝

当社の社員は、基本的にお酒が大好きです。

社員旅行や宴会では、ハチャメチャにはしゃぐ。特に、社員旅行はみんな気合いを入れて臨んでいます。

宿泊するのは、加賀屋（石川県）や月岡温泉 白玉の湯 華鳳（かほう）（新潟県）などNo.1クラスの高級旅館やホテル。これも「**一流とは何か**」を体験的に知ってもらい、業務に生かしてもらうのが狙いです。

旅館の大広間の畳がズレる（旅館が普通カーペットで使用している部屋に畳を置いて、宴会場にしている）。人が飛んでくる……。宴会場にビニールシートを持ち込んで、畳が濡れないようにしたり、金屏風や置物を一切撤去してもらったりすることもあります。「現金争奪じゃんけん大会」など、下世話なイベントが目白押しですし、大好きなお酒がいくらでも飲める。そもそも、こうしたイベントを楽しめる人だけを戦略的に採用しているので、社員旅行が苦手な社員はいません。

くだらないことに思えるかもしれませんが、「くだらないことを、全員で、全力で楽しむ姿勢」が、18年連続増収を支える団結力の秘密です。

恥ずかしながら、当社の幹部社員は筋金入りの「おバカ」が多い。お酒にまつわる逸話に事欠きません。

2020年度新卒の亀井拓哉が親友と飲みに行ったときのことです。

　お店を出た後、親友から「飲み足りないから、俺の家で飲み直そう」といわれた亀井は、「待ってました！」とばかりにコンビニでお酒を買い込みました。

　親友宅でしこたま飲んだ後、亀井はそのまま泥酔。夜中の３時頃、喉が渇いて目が覚めた亀井は、どうしたと思いますか？

　寝ぼけていた亀井は、冷蔵庫からミネラルウォーターを取り出したわけでも、水道水を飲んだわけでもなく、あろうことか、親友が飼っていた「金魚の水（水槽の水）」を飲んでしまったのです！

　そして、さらにあろうことか、水と一緒に「金魚を１匹、飲んでしまった」のです‼

　翌朝、亀井は「本当に悪いことをした」と深くおわびしたそうです。

2005年度入社の海老岡修、坂本恭隆、米田文平、小楠浩生も、全員いい意味でのヘンタイです（笑）。このヘンタイたちも今では全員部長です。

　この４人は同期入社で仲がいい。同期会でカラオケボックスに行ったとき、なぜか全員、「生まれたままの格好」になって熱唱したといいます。座っているお互いの頭の上に載せてはいけないモノを載せて「チョンマゲ」をつくったとか、つくっていないとか。

　また、この４人が蛍<ruby>蛍<rt>ほたる</rt></ruby>見物に行ったとき、突然、雨が降ってきて、蛍が見られなくなった。
　すると彼らは室内で一斉にズボンを脱いで、お尻にバカげたモノを挟んで、「ほ、ほ、ほ〜たるこい」と歌い始めた。相当な強者揃いでしょう（笑）。
　さすがにこのお店は出入り禁止になり、少しは反省したようです。

　このように当社には、お行儀のいい社員はいません。
　おバカもヘンタイも盛りだくさんです。
　しかし、「みんなで盛り上がれるエネルギー」が異常に高いからこそ、大企業にも負けない、自衛隊も顔負けの組織力と団結力を発揮できるのです。

わが社の経営ノート

この講義を振り返り、気づいたことを箇条書きにしてみましょう。
各講義末に気づきを書き留め、行動に変える「わが社の経営ノート」をつくり、チームで共有してみてください。きっとあなたの会社は変わり始めます。

第5講「一問一答オープン質問会」

▶この講義での気づき

1.

2.

3.

▶わが社の喫緊の「一問一答オープン質問会」で発見した課題

1.

2.

3.

▶わが社で今すぐやろうと思ったこと

1.

2.

3.

第6講

社長のお金の
使い方

お金には、
「生き金」と「死に金」がある

お金には、「**生き金**」と「**死に金**」があります。

生き金

将来に投資するお金のこと。使っただけ**価値が生まれるお金**の
こと。人のために使うお金のこと

死に金

必要のない贅沢に使うお金のこと。自分のためだけに使うお金
のこと

会社の業績を伸ばしたいなら、社長はお金を「生き金」に変えなけれ
ばいけません。生き金とは「お金を生かす」こと。

では、どうすれば、生き金にできるか。

本講では、社長のお金や会社のお金にまつわる選択問題（2択、3
択）を出題し、クイズ形式で小山式のお金の使い方を解説しましょう。

> **問題 1**　次の３つの会社のうち、
> 銀行が一番融資をしたいのはどれでしょう？
>
> ❶ 無借金経営の会社
> ❷ 他行と取引はしているが、自行との取引は一度もない新規の会社
> ❸ これまでに融資をしたことがあり、返済実績を確認している会社

正解……❸

【解説】

銀行は保守的で、過去の取引実績に対してお金を貸します。

銀行は**継続性**が原則であり、新規取引には必要以上に慎重です。

今まで無借金だった会社が急に融資を申し込むと、銀行は、この会社の業績はよくない。融資しても回収不安があるかもしれないと警戒します。

> **問題 2**　中小企業は、次のどの銀行から融資を引き出すべきか？
>
> ❶ 支店長の決済額は小さいが、自社の近くにある支店
> ❷ 支店長の決済額は大きいが、自社から遠くにある支店

正解……❷

【解説】

多くの社長が、会社の近くにある支店から融資を受けようとします。

しかし私は、会社から遠くても、支店長の決済額が大きい支店と取引します。

私が7000万円の借入れを望んだとき、支店長の決済額が5000万円の「当社本社から近い支店」と、決済額が1億円の「当社本社から遠い支店」では、後者のほうが資金を調達しやすい。

　また、中小零細企業が、メインバンクを都市銀行にするのは得策ではありません。売上が1億～2億円規模なら、無理して都市銀行とつき合わないで、地方銀行や信用金庫をメインにします。金利は高くても、融資額が多く借りられる銀行を優先するのが正解です。

問題 **3** **M&Aを行う場合、買取金額をどのように決めるのが正しい？**

❶ できるだけ安く買う

❷ なるべく高く買う

正解……❷

【解説】

　M&Aは、基本的にはやったほうがいい。

　理由は**時間とお客様を買える**からです。

　M&Aによって、買取先がすでに持っているお客様を手に入れられると同時に、マーケットシェアを一気に上げられます。

　さらに、M&Aは、新規事業を始めるより銀行融資を受けやすい現実があります。

　銀行は、新規事業にはお金を貸したがりませんが、現業ならば実績がわかるので資金を出してくれます。

　多くの社長は「できるだけ安く買いたい」と思いますが、**逆**です。

　M&Aを成功させるには、相手の会社を**高く買う**のが正解です。

「安く買うこと」にこだわり、その間にライバル会社に買われたら、ラ

イバル会社のシェアが増えてしまう。だから、ライバル会社よりも高く買うのが正しい。

自社で新規顧客を開拓するのも、M＆Aで時間を買うのも、お金はかかります。ならば、安く買う必要はない。高く買っても同じです。

問題4 「銀行振込」と「手渡し」、社員に賞与を渡す際、社員のやる気を引き出せるのはどっち？

❶ 銀行振込
❷ 手渡し

正解……❷

【解説】

当社では、賞与を手渡ししています。

賞与支給日は、前の期に支給金額が最も少ない部長1名・課長3名が、社長室にカギをかけて全社員の賞与の袋詰めをします（長ければ2時間はかかる）。

袋詰めをしながら、「あんなヤツがこんなにもらっているのか！」「次は絶対いい評価を取ってやる！」と思い、次の半期に向け**闘志をかきたてるしくみ**です。

さすがに、一度袋詰めをすると相当くやしいのか。これまで2回連続袋詰めをした社員はひとりしかいません。

井上岳志部長は唯一2度経験しています。

1回目のときは、2回連続で課長に更迭。その後、部長に復帰。

2回目のときは、部長でD評価とC評価で始末書が2枚あり、賞与が半額になりました。

そんな井上も、くやしさをバネにしてその次はS評価になりました。

袋詰め作業が次回の奮起へと確実につながっているのでしょう。

100万円も10万円も、数字を伝えるだけでは感覚的な差はありません。しかし、手に持ったときの厚みという皮膚感覚は生涯忘れないものです。最高支給額の人の賞与と自分の賞与を自らの両手で実感することで、社員は「もっとたくさんもらえるようになろう」と**心の底から思う**ようになるのです。

問題 5

あるパートさんが、「会社のことが嫌い」で退職することになりました。この人にどんな退職祝いのプレゼントを贈るべきか?

❶ 会社に不満があって退職する人に、プレゼントをあげる必要はない

❷ 花束を贈って、「交際費」として経費精算する

❸ 社長のポケットマネーで花束を贈る

正解……❸

【解説】

会社に不満があったとしても、在籍中に貢献してくれたのは事実です。ですから私は、ねぎらいと感謝の気持ちを込め、花束を贈っています。予算は3000円です。

会社の経費にはせず、**社長のポケットマネー**から出しています。

そのほうが、私の気持ちが伝わるからです。

花束をもらったパートさんの多くは、家族からこういわれます。

「最後にお花をいただけるなんて、お母さんはいい会社にいたんだね」

私が辞めたパートさんから悪口をいわれないのは、こうした心遣いも一つの要因になっています。

株式会社ロジックスサービス（物流、宮城県／菊池正則社長）は構内物流事業、ビジネス業務委託事業などのアウトソーシングサービスを行っています。

　2011年3月11日に発生した東日本大震災後、事業の一部撤退も余儀なくされ、菊池社長はやむをえず50人のパートを解雇する決定をしました。社員思いの菊池社長ですから、苦渋の決断だったと思います。

　最後のお別れ会を前に、私は菊池社長にこういいました。

「いくら震災があったとはいえ、あなたの責任でクビにするのだから、**パートさん50人全員にバラの花**をプレゼントして、これまでの感謝を伝えてはどうか」

　菊池社長は私のいうとおりにしました。

　しかし、花を用意していたのは、菊池社長だけではありませんでした。

「社長、今までありがとうございました」

　その瞬間、**菊池社長もパートさんも、その場にいた全員が涙を流した**

そうです。

　菊池社長は、パートさんを「主婦の小遣い稼ぎ」とは考えていなかった。大事な戦力であり、**仲間**だと考えていた。だからこそ、パート・アルバイトにとって魅力のある職場ができあがっていたのです。

問題
6
かつて私が自宅を購入したときのことです。手元資金がほとんどなかった私は、それでも１億円以上する物件を「現金」で購入しました。どうやって購入資金を集めたのでしょうか？

❶ 親戚一同から借りた

❷ 消費者金融から借りた

❸ 会社の議事録を銀行に提出して借りた

正解……❸

【解説】

　私が狙っていたのは、当初２億円で売りに出されていた物件でしたが、半年以上売れ残っていました。そこで私は不動産会社に出向き、「１億2500万円なら現金で買う」と交渉。

　担当者は「それは無理です」と反論しましたが、「無理かどうかを決めるのはあなたではありませんよ。会社に戻って報告してください」と伝えた。

　すると翌日、「売ります！」と返事が届きました。

　とはいえ、私は１億2500万円の現金を持っていたわけではありません。私は当社と取引のある銀行に出向き、H支店長に「家を買いたいのでお金を借りたい」と申し出た。支店長が「わかりました。銀行で用意します。ところで頭金はいくら用意されていますか？」と聞いてきたの

で、私が片手を広げて見せると、

「5000万円ですか？」

「いいえ」

「500万円ですか？」

「いいえ」

「まさか50万円ですか？」

「ピンポーン！　正解」

　H支店長は、あきれながらも本店に稟議を上げてくれましたが、結果は「ダメ」！

「ダメ」だからといって引き下がるほど、私はお人好しではありません。

「では、自分で説明したいので、本店審査部にアポを取ってほしい」

とお願いした。H支店長は、再び仰天です。

そんな要求をした人物は、これまでいなかったのですから。

　結果的に私は、融資を受けることに成功したのですが、どのように交渉したと思いますか？

　本店審査部に、**1枚の議事録**を出しました。

　その議事録には、**「小山昇が家を買うことは、当社の取締役全員が承認している」**とありました。要するに、株式会社武蔵野の信用を後ろ盾にして融資を引き出したわけです。

問題 **7**　**消費税の増税前と増税後、「家を買う」なら、どっちがお得？**

❶ 増税前

❷ 増税後

正解……❷

【解説】

　消費税が増税される前、持ち家購入を検討している多くの人が、「今のうちに買っておこう」と考えた。増税されれば、当然、住宅の価格も上がります。

　一方、増税後はどうなるか。

　当然、売れなくなります。すると住宅メーカーは、背に腹は代えられないから、値引きをしてでも売ろうと考える。

　実際、当社の内堀一徳課長は増税後（消費税５％から８％に増税時）に自宅を購入。少しの交渉で**100万円の値引き**を引き出すことに成功しました。

　住宅メーカーは、「増税前にかけ込み需要がある」と見込み、たくさん家を建てましたが、実態は売れ残り物件も多数あります。

　この物件が狙い目です。

　売れ残った物件は、増税後に安くなる。それは安くしてでも売らなければ、会社の資金繰りが苦しくなるからです。

 問題 8 　**飲食店の支払いは、クレジットカード？　それとも現金？**

❶ 金額に関係なくクレジットカードを使う

❷ 金額に関係なく現金で支払う

❸ クレジットカードと現金を使い分ける

正解……❸

【解説】

　私は、基本的に「現金派」です。特に飲食店では、できるだけクレジットカードは使わず、現金で支払うようにしていました。

現在は、**10万円以下なら現金**、それ以上ならクレジットカードを使っています。

なぜ、現金派なのか。

現金で払ったほうが、**お店の人に覚えてもらいやすいからです。**覚えてもらえると、次回の接客が変わります。

以前、幹部社員9名と銀座久兵衛で初めて食事をした際、総額40万円くらいになったでしょうか。いつもはクレジットカードを使う場面でしたが、ここで私はあえて「現金」で払おうとした。

するとお店の人もそんなお客様はほとんどいないようで相当戸惑っていました。支払いがすむまで20分くらいかかったかもしれません。

でも、次に行ったときの対応が明らかに違っていた。そして3回目に行ったときに久兵衛の社長が挨拶に出てきた。**現金はそれだけ魔力を持っているのです**（笑）。

飲食店は、クレジットカードの手数料を負担するから、現金で払えばその分、お店の実入りがよくなる。そうすれば、お店からも喜ばれます。

問題
9

当社の管理職は、「部下を持つラインの長」と、「部下を持たないスタッフの長」の2つの長がいます。部下を持たない管理職にも、管理職手当を払ったほうがいいと思いますか？

❶ 払ったほうがいい

❷ 払わなくていい

正解……❶

【解説】

わが社に、部下とすぐにケンカするのでラインの長には向いていない

が、個人で仕事をやらせるとピカイチの成績を残す社員がいます。こうした部下のいない長にも、**管理職手当**を支払っています。

　でも、部下を持たない管理職に手当を払うと、「同じ課長なのに、部下を持つ俺と、部下がいないあいつの手当が同額なのは許せない」という意見が出かねません。

　そこで、課長クラスの場合なら、管理職手当の他に**店長手当（1万円）**を支給して差をつけています。

問題
10

賞与の分配に関する問題です。会社の業績がよいとき、幹部と一般社員では、どちらを優遇したほうがいいでしょうか？

❶ 幹部を優遇して、一般社員を冷遇する

❷ 幹部を冷遇して、一般社員を優遇する

❸ 幹部と一般社員の間に差をつけない

正解……❶

【解説】

　私は、「幹部優遇＆一般社員冷遇主義」です。

　幹部には難しい仕事をたくさんしてもらいますが、その分、報酬をしっかり出そうと思っています。

　当社は、業績がよいときは幹部優遇（新人冷遇）主義、業績が悪いときは幹部冷遇（新人優遇）主義を基本としています。

　業績が上がったときは、舵取り役として実績を残した幹部を優遇するのは当然です。ただし、業績が悪くなったときは、幹部を冷遇します。

　ただ、業績がよくても「新人を冷遇」しているのはなぜでしょうか。これには意味があります。

課長クラス以上であれば、当社のルールをわかっているので、「天国もあれば地獄もある」ことを承知しています。賞与額が下がっても彼らが文句をいわないのは、「今期は下がったけれど来期は頑張ろう」と気持ちを切り替えられるからです。

ところが、新人社員は、人事評価のしくみをよく理解していないため、賞与が減ると文句をいってすぐ辞めてしまう。「減る」と文句をいうなら、最初から「減らさない」ようにすればいい。そのためには、会社の業績がよくても、極端に新人の賞与額を上げないことです。

問題 11 次の３人の社員のうち、最も出世するのはどの社員でしょうか？

❶ 賞与を50万円もらったら、全額、奥さんに渡す社員

❷ 賞与を50万円もらったら、10万円を抜き取って貯金する社員

❸ 賞与を50万円もらったら、10万円を抜き取って後輩との飲み代に使う社員

正解……❸

【解説】

賞与を奥さんに手渡しすると、夫は家族から感謝されます。

しかし、もらった賞与を全額奥さんに渡すようでは出世はできません。

賞与を50万円もらったら、10万円を抜き取り、40万円だけ奥さんに渡す。そして、抜き取った**10万円を部下との懇親（飲み代）**に使う。部下のために賞与をごまかせる上司は優秀です。当社の総務で賞与袋を調達する社員もいます（笑）。

社員は新しい袋を買って、賞与40万円を30万円に金額を書き換え、奥さんに渡す。これが正しい賞与の使い方です。

259

問題 **12** 次の２つの「事業」を比べたとき、どちらが優良事業でしょうか？

❶ 粗利益率20％で売上１億円のＡ事業

❷ 粗利益率５％で売上10億円のＢ事業

正解……❷

【解説】

　経営で大事なのは、数字を「率」でなく「額（量）」で見ること。

　数字を「率」で考える社長は、Ａ事業のほうが優良だと考えます。

　原価はＡ事業が8000万円、Ｂ事業が９億5000万円。Ｂ事業のほうが多額のお金がかかっているのに、粗利益率が低くて資金効率が悪い。だからＢ事業よりＡ事業が優秀だと考えます。

　しかし、利益額を計算してみると、この考えが**間違い**であることがわかります。Ａ事業が生む利益は2000万円。対してＢ事業の利益は5000万円。額で考えれば、会社に貢献しているのは**圧倒的にＢ事業**です。

問題 **13** 事業承継の対策を取るなら、どのタイミングでしょうか？

❶ 子どもが「会社を継ぎたい」といってきたとき

❷ 子どもがまだ学生で、継いでくれるかわからないとき

正解……❷

【解説】

　子どもがまだ学生でも、子どもが将来事業を継いでくれるかわからな

くても、事業承継（株価対策）の準備は早いほど打つ手が増えます。私は**2歳の子を持つ経営者**にも、事業承継のアドバイスをしたことがあります。

子どもが生まれたら、**1歳からでも預金通帳**をつくっておいたほうがいい。将来に備えた教育資金として、子どものお小遣いやお年玉を預金通帳に貯めておけば、結果的に**相続税や贈与税の対象とみなされない**からです。

これは実際に私が行った方法ですが、**子ども名義でつくった預金通帳を出資金にして、相続を意識した持株会社**を設立しました。

私自身が所有していた当社の株式をこの持株会社に50％移すことで、**株式を娘に直接相続する必要がなくなりました**。

事業承継だけでなく、個人の財産贈与も、早めに（子どもが小さいときから）対策を講じれば、**贈与税をゼロ**にすることも可能です。

問題 **14**

月収1000万円の人ひとりと、月収10万円の人9人で成り立っているマーケットがあります。このマーケットでは誰をターゲットにどの商品を売ったほうが、利益が出るでしょうか？

❶ 10人全員をターゲットに、100万円の商品を売る

❷ 月収1000万円の人をターゲットに、1000万円の商品を売る

❸ 月収10万円の人をターゲットに、10万円以下の商品を売る

正解……❸

【解説】

マーケットは、平均値でなく**最頻値**で見る。最頻値とは**最も多く分布している値**です。平均値で見るとマーケットを見誤ります。

このマーケットの大きさは1090万円で、平均は109万円です。

月収10万円の人に100万円の商品は手を出しにくいので、人数の一番多いゾーンをターゲットとし、10万円以下の商品を売るのが正しい。

経営は「量」です。したがって、「**一番お客様の多い価格帯＝最頻値**」を押さえる。ターゲットにすべきお客様は月収10万円の人になります。

最頻値

最も塊（かたまり）が多いところを指す。平均値で見るとマーケットを見誤る

月収1000万円の人 ⇨ **1人**　　月収10万円の人 ⇨ **9人**

新しく事業部を立ち上げたため、駅前に事務所を借りることになりました。次のどちらのビルに入居したほうがいいでしょうか？

❶ 家賃は高く、駅から少し離れているが、会社・店が発展して空いたテナント

❷ 家賃は安く、駅からも近いが、火事の後に立ったビル

正解……❶

【解説】

　昔、当社の新規事業部が某駅南口のビルに入居しました。

　とても新しくてキレイなビルです。

　でも、この事業部は、何をどうやっても業績が上がらない。勝算はあるはずなのに、「絶対に当たる手」をいくつも打ってもさっぱり当たりませんでした。

　「どうしてだろう？」と首をかしげていたら、「火事になって保険金で建て直したビル」であることが判明。

　この土地はすでに火の車になっている！　そう思った私は、すぐにそのビルを引き払いました。

　今、JR荻窪駅から徒歩15秒のところに当社の事務所があります。不動産業者いわく、

　「以前、このオフィスには、学習塾が入居していました。生徒がどんどん増えて入りきらなくなったので、駅の反対側の広いところに移って行ったのです」

　それを聞いた瞬間、私はいい値で即決。現在は3フロアを借りています。**人は、人が集まるところに集まるものです。土地も人も、ツキは非**

常に大事です。

問題
16

パートさんを集めて忘年会をするとき、パートさんが喜ぶのは次のうちどっち？

❶ 会費5000円の寿司屋
❷ 会費3000円のなじみの居酒屋

正解……❶

【解説】

　以前、男性社員が忘年会の幹事をしたときのことです。

　私は「会費を5000円から7000円に上げたほうがいい」と提案しましたが、彼は「高くしたら誰もこない」と会費を3000円に下げました。その忘年会会場は、なじみの居酒屋です。

　ところが、女性パートは18名中10名しか参加しませんでした。

　そこで、パートに新年会の幹事をやらせ、「5000円の会費」にした。場所は、寿司屋です。すると、ほとんどのパートが参加しました。

　新宿の一流ホテルでパートを集めた忘年会をやったこともあります。会費は１万2000円でした。

　男性幹部は全員「高すぎる」と反対しましたが、**パートは全員出席**しました。翌日、パートに感想を聞いたところ、「とても豪華で楽しかった」と喜んでいました。

　男性社員は「会費が高いと参加できない」と考えますが、パートは「贅沢にお金を使ってもいいとき」と「そうでないとき」をわきまえています。

　「会費3000円の居酒屋」は日常の空間。けれど、「会費１万2000円の一流ホテル」は着飾って行けるハレの場。だから、楽しい。こうした**非日**

常空間を用意するのも、パートのやる気につながります。

（問題 **17**）私は高級ブランドに興味がありません。服やかばんは機能重視で見た目はどうでもいい。こだわりがあるとしたら、財布を買う時期です。私はいつ、財布を買っているでしょうか？

❶ 春
❷ 夏
❸ 秋
❹ 冬

正解……❶

【解説】

絶対に財布を買わない季節が「秋」です。秋は、秋風が吹いてお金に愛想を尽かされるから（笑）。

ある会社の社長が家を新築しました。あろうことか、庭に紅葉を植えた。私が「秋に真っ赤（赤字）になる木を植えると、会社に秋風が吹いて業績が下がる」と忠告したら、案の定、業績が悪化した。

財布も同じです。財布は「**お金の住みか**」ですから、秋に買うとお金が逃げていく。

具体的には、立秋（８月８日頃）から節分（２月３日頃）までの約半年間は買いません。

厳密には立冬（11月８日頃）から暦上は冬ですが、冷たい北風が吹く季節もさびしく感じます。だから、あたたかくなる立春（２月４日頃）をすぎてから購入しています。

当社は年2回、パレスホテル立川に全従業員を集め、政策勉強会を開催しています。会場を確実に押さえるために、私はある決定をしています。次のうちどれでしょうか？

❶ パレスホテル立川が取れないときは、BホテルやCホテルなど、別のホテルを探す

❷ パレスホテル立川が空いている日程に政策勉強会を開催する

❸ パレスホテル立川に、通常料金の2倍の料金を提示してでも、特定日を押さえてもらう

正解……❸

【解説】

　政策勉強の日が大安や友引の場合は、こちらから2倍の料金を提示してホテルに会場を押さえてもらったことがあります。

　大安や友引は結婚式が集中します。ホテル側には結婚式は大きく稼ぐチャンスであり、できるだけ他のお客様より優先したいのが本音です。

　私は、ホテル側のそんな心情に配慮し、確実に政策勉強会を行うため、大安や友引の年はあらかじめ会場費を多く払っています。

「開催日や会場を変更すればいいじゃないか」という人もいますが、政策勉強会をはじめ社内イベントの日程は2年前から決まっていて、社員はそれに合わせて仕事を組んでいます。だからリスケは難しい。

　また、政策勉強会の運営マニュアルは、「パレスホテル立川の宴会場」に合わせてつくられているので、会場を変更すると社員が混乱し、進行がスムーズにいかなくなる。

　だから、「2倍の料金」を払ってでも、予定どおり、毎回、同じ会場

でやることが原則です。

問題
19
キャバクラで遊ぶとき、次のどちらの遊び方が「会社経営」にも役立つと思いますか？

❶ いつも同じ店に足繁く通う
❷ いろいろな店を開拓して広く浅く遊ぶ

正解……❶

【解説】

経営では、エリアを広げるより、狭いエリアに深く入り込んでシェアを高める「**ランチェスター戦略**」が有効です。

キャバクラ選びも同じ。私はここと決めたら、いつも同じ店に足を向けます。私はいつも歌舞伎町の風林会館エリアの決まった店に通っていました。

なぜ、同じ店に何度も通うのか。

通うたびにお店とお客様が互いに学習し、居心地がよくなるからです。「あのお客様は、このお酒が好きだ」「あのお客様は、よくこんな話をする」とお店はお客様のことを学ぶ。

一方でお客様は、「このお店には、○○というお酒がある」「この店主は、余計なことを聞いてこない」など、お店のことを学ぶ。

　こうして、相手のことをよく知るから、互いに居心地がいいわけです。

【小山の経営公式66】

47 お金には「生き金」と「死に金」がある

48 賞与は銀行振込ではなく、手渡しのほうが、社員はやる気を出す

49 辞めていく従業員には、社長のポケットマネーで花束を贈る

50 会社の業績がいいときは、「幹部優遇、若手冷遇」が正しい

51 賞与の一部を「部下のため」に使える上司は出世する

52 経営は「率」ではなく「額」で考える

53 将来の事業承継を見据え、子どもが1歳になったら預金通帳をつくっておいたほうがいい

54 マーケットは平均値でなく最頻値（最も多く分布している値）で見る

55 人は、人が集まるところに集まる

第6講　社長のお金の使い方

社長の元気が会社の元気

　私は「社長の元気が会社の元気」だと思っています。

　社長の健康問題は、企業経営における最大のリスク。社長の健康を守ることは、会社の健康を守ることであり、ひいては社員とその家族を守ることにつながります。

●よく寝る

　健康の基本は、よく寝ることです。

　私がずっと健康でいられる一番の理由は、1日8時間程度睡眠を取っているから。寝るのはタダ。お金はかかりません。

　若いときの私は朝ギリギリまで寝て、朝食を食べずに出社。仕事を早々に引き上げ歌舞伎町にGO。何軒かハシゴして終電にすべり込み、帰宅。家に着いたらバタンキュー。そんな生活を続けていました。

　その後、「ランチェスター戦略」を学びに竹田陽一先生の講義を受けたとき、先生から「朝7時から社長が仕事をする会社は倒産しない」という話を聞き、それ以降、私も早起きを習慣にしています。65歳まで朝7時に出社していました。

　毎日、起床は午前4時30分、就寝は午後8時頃。起きたらすぐお風呂に入ります。目を覚ますため、長湯はしません。せいぜい3

分くらいです。

　研修先のホテル「グランドエクシブ那須白河」に、年間60日は宿泊するので、使い慣れた枕を預けています。ホテルでは部屋が乾燥しているので、加湿器を使ったり、浴槽にお湯をはった状態で眠ったりするようにしています。

　早く仕事を始めれば早く仕事が終わり、早く飲みに行けます。

　早い時間帯ならどの店も空いていて、好きな席でゆったりお酒を楽しめます。

　セミナーの懇親会や会社の公式行事（飲み会）でも、途中退席して１次会で帰るなど、常に早めに切り上げます。65歳までは帰宅が24時をすぎると、妻に**１時間につき１万円の罰金（＝寄付、娘に消費税分の500円が行く）**がわが家のルールでした。

●食事に気をつける

　食事は、少しくらい値がはっても、おいしくて、健康にいいものを食べています。贅沢をしたいからではなく、医者にかかる費用より、食事代のほうが安いからです。

移動中のランチや時間がないときは、ファストフードもコンビニ弁当も食べますが、時間があるときは、できるだけ自然のものを食べるようにしています。

　食事代を節約した結果、体調を壊して病気になり、貯めたお金を切り崩して治療代に充てた人を何人も知っています。

　食費を切り詰めて栄養バランスが崩れ、健康を害したら本末転倒です。

〈小山式食事法〉

・米は有機栽培のもの。肉や魚介類は天然のもの。野菜は無農薬系のもの

・野菜を食べるときは、ドレッシングやマヨネーズを使わない

・こしょうなどの調味料はできるだけ使用しない

・塩分を適度に摂る（天然の塩にはミネラルが含まれている）

・フルーツの中でも、身体を冷やすものは、ほとんど食べない

・夜の食事はあまり多く食べない。夜と翌朝、風呂に入る前に体重を計る

●夏は厚着、冬は薄着

　夏は厚着、冬は薄着が基本です。人間は環境変化に対応するのに時間がかかるので、室内と室外の温度差があると、体温の調節機能がうまく働かず、体調を崩す原因になります。

●たくさん歩く

　私は自家用車も社長専用車も持っていません。移動は基本、「徒歩と電車」です。毎日、6000〜8000歩、必ず歩いています。

体力を上げたり、取り戻したりすることはできませんが、いくつになっても、維持することはできる。

　50m走で10秒かかった走力を、この年（72歳）になって９秒に縮めることは不可能。

　けれど、今の10秒を来年も維持することなら可能です。

　加齢とともに体力が衰えていくのは自然の理。なるべく去年の体力を維持しようと努めています。

わが社の経営ノート

この講義を振り返り、気づいたことを箇条書きにしてみましょう。
各講義末に気づきを書き留め、行動に変える「わが社の経営ノート」をつくり、チームで共有してみてください。きっとあなたの会社は変わり始めます。

第6講「社長のお金の使い方」

▶この講義での気づき

1.

2.

3.

▶わが社の喫緊の「社長のお金の使い方」の課題

1.

2.

3.

▶わが社で今すぐやろうと思ったこと

1.

2.

3.

第7講

早朝勉強会
実況中継

「早朝勉強会」を実施して、価値観を揃える

多くの中小企業で人材が育たないのは、社長が毎回違うことや、新しいことを教えようとするからです。

社員教育で大切なのは、**質ではなく、回数(量)**です。

当社には、"それなりの人材"しかいません。お世辞にも優秀とはいいがたい。だから、質の高い教育を与えたところで「豚に真珠」になる。簡単な内容でも、**間隔をあけずに何度も反復**していけば、社員は必ず成長します。

早朝勉強会の講師は小山昇。勉強時間は午前7時30分〜8時30分。

〈早朝勉強会スケジュール〉

・**7時30分〜8時15分**……小山による方針、経営用語の解説(**教える時間**)

社内で実際に起きた出来事(失敗)を題材にしながら、経営計画書の方針や、拙著『改訂3版 仕事ができる人の心得』(当社のノウハウを盛り込んだ経営用語集)に掲載された経営用語を解説。アメリカやフランスの話はピンとこなくても、「社内で実際に起きた出来事」は社員にとって自分事。リアリティが違います。

・**8時15分〜8時30分**……社員によるコメント発表(**育てる時間**)

「この日取り上げられた用語、方針」について社員がコメントする。

「育てる時間」のコメントは、まさに「ウソつき大会」「ほら吹き大会」。「大変勉強になりました。これからの業務に生かしていくつもりです」など、みんな心にもないウソをつくからです（笑）。

でも、はじめはウソでもいいから発言をすることが大切です。

ウソばかりついていると、そのうちウソがなくなってしまう。

そうすると人間は、「何かやらなくてはいけない」と思うようになります。

コメント発表は、あえて**「職責下位」**の社員から発表させています。これにより、自分よりも職責下位の社員が「学んだことを実際の業務に生かしている」事実を知ると、職責上位の社員は「このままではまずい」と気づきます。

大切なのは、**社員自ら気づく場をつくる**ことです。

積極的にアウトプットさせる発表は"居る気社員（下位2割)"に刺激を与えます。

人は誰かに命令されると絶対にアクションを起こさない動物。

やらせて、気づかせて、初めてアクションを起こすようになります。

この「プレミアム合宿」でも、午前7時から早朝勉強会を開催しています。

『改訂3版 仕事ができる人の心得』をテキストにして、合宿に参加した社長を相手に「経営用語解説」をしています（サポート会員の多くが、当社の早朝勉強会のしくみを取り入れている）。

本講では、「プレミアム合宿・早朝勉強会」で私が解説した経営用語を紹介しましょう。

同じ用語でも、ここでの解説は**「社長用」**に置き換えています。

277

◉【業界横断的に効果実証済】
小山の経営用語解説

【色】いろ

色はそれだけで言葉です。業務の進捗・改善を進める。「見える
化」に力を発揮する

　代表的なのが、信号機です。赤と黄は止まれ、青は進め。ドライバー
は信号の色を見た瞬間に、「ブレーキを踏むのか、アクセルを踏み込む
のか」を判断します。

　多くの会社が、社内指示書に白無地の用紙を使っていますが、優先度
に応じて紙の色を変えておく。そうすれば、「直観的にどちらが重要な

●色はそれだけで言葉！　色ごとに整頓

ここが **青色**

ここが **赤色**

指示書なのか」「どちらの指示を優先すべきか」すぐにわかる。色を会社の**共通言語**として活用することで、簡単、正確、スムーズに作業を進めることができます。

【器】うつわ

　上司のいったことを理解しようとしてもダメ。実際にやってみないとわからない。上司と器が違う。部下の器には入らないから、上司をなかなか理解できないのは当たり前です。器の差が部下の成長できる余地です。**実行してみて器が大きくなる**

部下は上司のいったことを理解できないのが当たり前です。

なぜなら、体験がないから。上司は部下に対して**「理解できなくても**

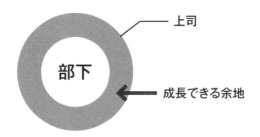

「いいから、とりあえずやらせてみる」ことが大事です。

　やらせてみると、どうなるか。

　たいがいは失敗します。でも、失敗したことで部下は「なぜ失敗したのか」「なぜ上司のようにできなかったのか」「どうすれば次は失敗しなくなるか」を自分の頭で考えるようになる。

　人の器は**「やってみて、失敗して、振り返る」**ことでしか大きくなりません。

【売上単価】うりあげたんか

　企業の命運を左右する。**社長の決定事項**でなければならない。値引きを営業マン任せで放任することは極めて危険です。売上単価、値引きの戦略は、全社一律ではなく、部門別、商品別に、お客様の動向を見極めながら**個別対応**が必要です

　売上単価は、お客様満足を考慮し、**必ず社長が決定**します。

　利益が出ない原因の一つは「お客様の満足度がどこにあるのか」を無視して価格設定をしていることです。商品価格は、お客様満足度に比例

して高くなります。「1枚1000円」のタオルでも、「イチロー選手がメジャー通算3000本安打を達成した試合で使ったタオル」なら高値で売れます。「イチロー」という付加価値がつくことで、お客様の満足度が上がるからです。

> **【売上不振】うりあげふしん**
>
> 　売るための努力をしていないか、売れる商品を仕入れていないからです。または、品切れを起こしているからです

　売上の上がらない商品は扱わない。売上の上がらない事業は撤退するのが原則です。そして、**「自社で一番売れている商品」「ライバル店で一番売れている商品」**の仕入れを増やします。
　「梨を100個、リンゴを50個売る」計画を立て、結果的に「リンゴが80個」売れ、「梨が30個」しか売れなかった場合、梨のテコ入れをするのではなく、**リンゴを売り伸ばす**のが正解です。

> **【運】うん**
>
> 　不平等です。強い者のまわりに、自然と集まってくる。運は自ら呼び寄せる。「そうはいっても」とか、「そんなことはない」という人には運のつきようがない。運のいい人、いい会社、いいものなど、運がいいと思うものとつき合えば、自分にも運がつく。**運がつくことを「ツキ」といい、運がなくなることを「運の尽き」**という

　「幸運」は向こうからやってくるものですが、**「強運」は自分からつか
みにいくもの**です。
　新宿駅の1日平均乗降者数は、約353万人（2017年）で、世界一利用

者の多い駅としてギネスブックに認定されたこともありますが、新宿駅で1円玉を拾ったとしたら、それは強運である証拠ではないでしょうか。

野球の打順のように、ツキが平等にくるわけではありません。**ツキはツイている人につく**ものです。運をよくしたければ、運がよい人、ツイている人とつき合うことです。

人とつき合うときも、今日10円を落とした人と拾った人がいれば、**拾った人と飲みに行く**ことです（笑）。仲間の社長に「今日飲みに行こう」と誘われたときは、**業績がよい人と行く**べきです。

【営業】えいぎょう
次の訪問ができるようにしてくることです

営業マンに「訪問件数と訪問回数、どちらを大切にしていますか？」と聞くと、多くの営業マンが「件数」と答えます。

でも、新規の契約が取れるかどうかは、**「件数」ではなく「回数」**です。1回の訪問で契約を決める必要はありません。

私が営業マン時代に、他の3倍の成績を挙げられたのは、一度で契約を決めようとせず、**何度も何度も訪問**していたからです。

【営業マン】えいぎょうまん

お客様に一番近いわが社の代表者です。営業マンが16人いると、自分は16分の1ではなく、**16人の代表**です。したがって、自分ひとりくらいダメでも他の15人がよければいいという考え方を持たない。「16－1＝0」「0＋1＝16」です

お客様にとって、目の前にいる営業マンが株式会社武蔵野そのものです。営業マンは「会社の代表として訪問している」「自分が会社である」

といった気概と自覚を持つべきです。仕事や組織へのコミットの弱いぶら下がり社員ではいけません。

【ABC分析】 エービーシーぶんせき

　重点的に管理するための分析手法。品目が多い商品の場合、ABCの３クラスに分け、効率的な管理をする仕方です。普通グラフにするが、ヨコ軸に商品名を、タテ軸に効果を取り、結果の数値を大きい順に並び替えたときの累計パーセントを計算し、グラフにプロットして曲線を描く。この曲線をパレート曲線という。普通、**75％、95％で区別し、A、B、Cに分別して、ウエイトの高いクラスを重点管理する**

パレート曲線とは

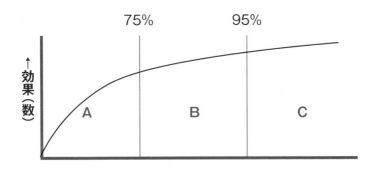

　マーケティング理論の一つに、「パレートの法則」（80対20の法則）があります。

　パレートの法則とは、

「市場経済の出来事の80％の結果は、上位20％の要因が影響している」

「企業の利益の80％は、上位20％の製品（商品）から生まれる」

「売上の80％は全お客様の上位20％が占めている（顧客が100社あれば、上位20社で売上の80％を占める）」

というものです。

この法則に則って、上位にある「売れている商品（お客様）」や「成績が上がる商品」に力を入れていくのが、正しい仕事のやり方です。

社内でキャンペーンを実施するときは、**成績が上がる上位20％の見込客に対して全体の80％の力**をかける。まんべんなく力をかけてはダメです。

ダントツ社長の告白

株式会社タナカ工業
（プラントメンテナンス、レーザー加工、機械加工／山口県）
田中健一 社長
社長のトップ営業こそ、業績回復の切り札

　私が先代である父親から会社を引き継いだのが、ちょうどリーマンショック（2008年）のときで、売上が月商で5分の1まで下がってしまいました。

　小山社長に「こんなときは何をしたらいいか」と相談したところ、「とにかく、社長自ら営業に行きなさい。こんにちは、さようならだけでいいから、お客様のところを回って顔を売ってきなさい。そうしたら、ひとりしかいない社長が、自ら足を運んで営業にきたことに対して営業される側は喜ぶ。信用も増し、大口の注文が入り、業績が上がるから」といわれました。

　当時はちょうど仕事もなかったので、とにかく回数多くお客様訪問をしました。すると面白いことに「田中さん、いいところにきてくれたね」と声をかけてくれることも多くなり、少し

ずつ仕事が増えていきました。

　どちらかというと私は技術職だったので、人と話すのがあまり得意ではなく、営業は嫌いでした。でも、実際に営業してみると、小山社長のいうとおり、「代表取締役社長」の肩書は、自分が思っている以上に威力があることがわかりました。結果的に、1年で業績を回復することができました。

　今すぐ売上を上げたいと思ったら、社長が先頭に立って営業するべきだと、身をもって実感しています。

> **【宴会】えんかい**
>
> 　会場設定と事前準備で、盛り上がり方が決まる。①会場はできるだけ小さな部屋にする。②出し物は、最初は全員が知っているものがよい。③道具は単純なものほどよい。④服装は全員同じ（丹前、浴衣の中にひとりでもトレーナーの人がいると一体感が出ない）。⑤頭を使うことをやると、座がしらける。⑥**みんなが同じことをやるから盛り上がる**

　2020年度の経営計画発表会は新型コロナウイルスの影響で史上初のオンライン開催でしたが、第52期以降、京王プラザホテル（東京・新宿）で開催しています。

　経営計画発表会は第1部と第2部（宴会、懇親会）に分かれます。以前は、第2部は同ホテル内のエミネンスホールで行っていました。**消防法で定められた収容人数ギリギリまで**お客様を入れます。そのほうが会場内の一体感が増し、盛り上がるからです。

　現在は、京王プラザホテルのコンコードボールルームで第1部と第2部を**1000人規模**で開催。第1部終了後、同じ場所で30分でドンデン返

しの懇親会を開催しています。

宴会とは

【援助】えんじょ

　人のためによかれと思って手を差し伸べると、無気力な人間を
つくり出し、結局は世の中のためにならないから注意

　前にも触れましたが、サポート会員の中には、東日本大震災で被災し
た社長もいます。
　震災直後、私は被災地の社長に手を差し伸べようと、サポート会員か
ら義援金を募ろうと考えました。
　実際、50社以上から義援金の申込があったのですが、私は思い直し、
預かったお金をすべて返すことにしました。
　「義援金を被災した社長に配ると、その会社が絶対にダメになる」と気
づいたからです。

　アドレス株式会社（不動産、福島県／高尾昇社長）は、東日本大震災

で大きな被害を被りました。

　このとき、私は高尾社長に義援金を渡す代わりに、**2つの提案**をしました。

1　フランチャイズを通して独身社員と入社年数の浅い社員を退避させること
2　アドレスの営業所を一つ廃止し、商工会に使ってもらうこと

　商工会は、仮設住宅の案内や小・中学校の建設、食料の手配の窓口になっていました。アドレスは、商工会と連携することでそれらの仕事を担うことができました。その結果、**被災した3月、4月の売上はゼロ。2か月後の6月決算でアドレスは過去最高益**を達成しました。

【お金の決済】おかねのけっさい

　お金の動きは人の動きです。稟議書を通して、社員の行動が見られる。金額より人の動きを重視する

　特に私が注視しているのは「**返金の情報**」です。

　当社が主催するセミナーは先払いで、キャンセルのときは返金をしています。

　A社が申込済のセミナーをキャンセルした場合、「業績が悪化した」「人が辞めた」など何らかの理由があります。

　お金の流れからお客様の状況を推察するために

も、**返金決済は社長が行うべき**です。現場の社員に勝手に返金させては
いけません。

> 【お金の棚卸し】おかねのたなおろし
> ①**毎日、社長にメールで報告する。**②２月・８月に各銀行の残高
> 表を社長に提出する。③３月・９月に資金移動して確認する

　会社が倒産するのは「赤字だから」ではありません。「**現金がなくな
るから**」です。
　「お金がいくらあるか」を毎日、社長が把握していれば、業績が少々下
がってもびくともしません。
　わが社では、商品の棚卸しの他に、**お金の棚卸し**もしています。

　毎年２月末、８月末には○○銀行の普通預金口座にいくら、△△銀行
にいくらと口座残高を調べ、私が足し算しています。
　多くの会社の社長が「お金はある」と思って、この「お金の棚卸し」
をしません。だから、社員が不正を犯します。

　先般、ある会社で850万円もの使いこみが判明しました。
　「訴えるぞ」といきまく社長に、私はこういいました。

　「訴えられるべきは、社長、あなたですよ」

　社長がきちんと見張っていれば、不正は起きなかったはずです。
　「不正をしよう」と思って入社してくる社員はいません。なのに社員が
不正を働くのは、社長自身が「**不正をできるしくみ**」をつくったからで
す。私が「お金の棚卸し」を重視しているのは、**社員を罪人にしないた**

めです。

【お中元・お歳暮】おちゅうげん・おせいぼ

　社長・部長の営業活動です。社長が**30年間訪問してライバル会社に取られたのはゼロ**です。ハッピーコール・叱っていただく・ご要望をお聞きする活動です。**季節の初めに鉢植えの花などを持って訪問する。**お中元の準備は６月１日から、お歳暮は11月１日から開始する。**２人以上でわざわざ行く。ついででは心が伝わりません**

　私は、「粗利益額が多いお客様上位」に対して、表敬訪問（お中元とお歳暮の訪問）を続けています。

　そうすることで、お客様に感謝の気持ちを伝えられ、「お客様からのお叱りの声」も聞けます。お客様の不満に耳を傾け、改善へつなげることで、ライバル会社から現在のお客様を守れます。

　渡すのは、胡蝶蘭やシクラメン。品物は宅配便でも送れますが、心は送れない。だから私は社員とともにお花を届けています。

　そしてお花と一緒に、当社の「パンフレット（営業案内）」も渡す。当社はこういう会社で、こういう事業をして、こういう商品を扱い、社長の小山はこんな活動をしている人という情報を知ってもらうためです。

　訪問先では長居はしません。特別な用事がない限り、「こんにちは」「さようなら」で終わり。それだけでも十分です。

【おとり商品】おとりしょうひん

　松、竹、梅のメニューがあれば、一番儲けなければならないのは竹で、一番売れるのも竹です。売れないからといって松、梅（比較商品）をやめると、竹も売れなくなる。それぞれが重要です。**松10%、竹80%、梅10%が理想的な商品構成です**

　当社の社員は、「松は高額すぎるから売れない」と考えますが、私からいわせれば、「売れない」のではなく、社員に「売る実力がない」のが正解です。買うか買わないかを決めるのは、社員ではなく**お客様**です。

おとり商品とは

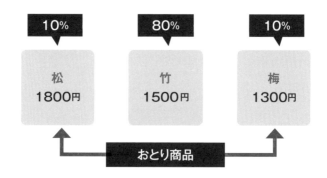

【お見舞い】おみまい

　病気が治るのが遅くなる。最高なのは静かに見守ってあげることです。お見舞いに行っても15分で帰る。人がいると疲れる

　当社は、「**社員が病気になってもお見舞い禁止**」です。

理由は2つ。一つは、お見舞いに行くと、結果的に患者が疲れるから。もう一つは、社員のプライバシーを守るためです。

　お恥ずかしい話ですが、かつてわが社には酒を飲んで暴れ、留置場に入れられる社員が何人もいました。中にはパトカーをひっくり返した"武闘派"もいました。最近はおとなしくなったものの、それでも数年に1回は警察のご厄介になります。

　数年前、留置場に入れられたA課長は当然出社できません。その理由を社員に明かすと、本人は戻ってきにくい。だから「○○さんは病気で緊急入院」と聞かれた人には答える。お見舞い禁止だと、**バレずに復帰**できる。A課長は今、**部長**として活躍しています。

【おもいきり】

　今までの成功体験や考え方を捨て、新しい方針を全力で実行することです。こだわりが長くなればなるほど、おもいきりが悪くなる

　時代やお客様の都合は変化し続けます。「今までと同じやり方」「今までと同じ考え方」に固執していると、時代遅れの烙印を押されてしまいます。

　大切なのは、お客様の変化をいち早くキャッチし、それに合わせて自社を変えていくこと。

　サポート会員の多くが業績好調なのは、今までのやり方（結果が出なかったやり方）を捨て、新しいやり方（＝当社から学んだやり方）に切り替えたからです。

> **【親心】おやごころ**
>
> 　人が育たない。中小企業の多くは、社員が失敗しないように社長がすべて口出しをするから社員が育たない。社員に責任を持って実行させ、失敗と成功の体験をして初めて育つ

　失敗させないように先に「答え」を教えてしまうと、社員は自分の頭で考えなくなるので成長しません。

　自分から積極的にチャレンジする人は少ない。能力があっても体験がないと成績は上がらない。だから、上司があえて部下を失敗させ、**フォローする手を離して目を離さない**ことが大切です。

　全社員が失敗したら会社はつぶれるので、「この時期はこの社員を育てる。だから多少の失敗はガマンする」と決め、個別に意図的に失敗させます。

　本来、店長と本部長の間に部長を置きますが、あえて部長を入れないようにするときもあります。すると店長は、「自分が部長になれるチャンスだ」と思い、張り切ります。そうすると力みすぎて、初歩的な給与計算を間違えるなど、初歩的な失敗が続きます。

　やったことがないことをやると、当然、失敗します。

　ただ、失敗するのは正しい。

　人は、失敗を糧に成長するからです。

　一度でも痛い目を見ないと、「どうしたらできるようになるか」「どうしたら失敗するか」を考えようともしません。だから、社長は社員を失敗させるのが正しい。**人は失敗からしか学べません。**

経営計画書のしくみを３年間続けると自分（自社）のモノになる

　多くの会社が、０から１を生み出そうとしますが、経験や実績が不足しているために、結局、「１」を生み出せずに終わります。

　ならば、すでにできあがっている「１」をマネるほうが近道です。「経営計画書」をつくるときも同じ。

　私は、サポート会員の社長に対し、「当社の第36期経営計画書を見て、自社で使えるところがあれば、そのままマネしてください」といっています。

　まずマネから入る。「**一番やさしいところ**」と「**自分にもできそうなところ**」をマネるのが正しい。そして辻つまが合わなくなってきたら変更すればいい。**マネも３年続ければ、自社のオリジナル**になります。

　わが社の経営計画書は、「社長の教祖」的存在だった一倉定先生（1918～1999）の経営計画書を参考にしています。

　25年以上前、私は一倉先生のセミナーを受けた後、先生のマネをして豪華な経営計画書をつくりました。サイズはA4。表紙に厚紙を用いた重厚な経営計画書です。

　ところが、完成した経営計画書はとても重たかった。重たいから、いつも机の引き出しにしまいっぱなしでした。つくっただけで満足してしまい、活用できなかったのです。

　そこで私は、A4サイズから、常に持ち歩ける「**手帳サイズ（B6変型サイズ）**」に変更しました。

　私は一倉先生に教えられたとおりに経営計画書を作成し、何年も活用した。その結果、「道具は使いやすくなければ価値がない」ことに気づ

き、自ら手帳型に変えました。

　個性が尊重される時代にあって、マネするのは恥ずかしい、独自性で勝負すべきだと思われがちです。

　でも、自分の考えどおりにやって赤字を出すほうが、よほど恥ずかしい。経営は結果がすべてです。

　頑張って成果を出せない社長より、**人のマネをして、人のいうとおりに実行して、成果を出す社長**のほうが優秀です。

【恩】おん
かけた恩は水に流し、受けた恩は石に刻むことです

　前に触れた、私の結婚式の仲人だった三桝さん(広島県)のお墓参りには、15年間、毎年欠かさず行っていました。私がお世話になった方々のお墓参りを欠かさないのは、**恩を石に刻んでいる**からです。

　人はひとりで成長するのではありません。必ず**育ててくれた人**がいます。

かけた恩は水に流し、受けた恩は石に刻む――。

その人に感謝の意を表すのは、人間として当然のことです。

【会社】かいしゃ

　部下にとっては、上司が会社です。お客様から見れば、入社したばかりの新人でも会社の人です

社員にとっては「会社＝会社」ではなく「**会社＝上司**」です。お客様から見れば、新人でもベテランでも、会社の人です。

お客様は、新入社員だからといって、サービスや接客が甘くてもいいとは思ってくれません。

【外注】がいちゅう

　①占有率をアップさせることができる。**売上のピーク時と、季節の繁忙期がチャンスです。**②目標まで増やしていくことができる。**経常利益額と経常利益率が上昇する。**③季節変動をカバーできる

業績が堅調で受注が増えてくると、多くの社長は「これ以上、受けられない」「これ以上、自社生産できない」「これ以上、新規受注が増えると対応できない」と考え、受注をストップし始めます。

これは「自社ですべてをやるのが正しい」と考えているからです。

中小企業が目指すのは、地域シェアNo.1になること、つまり、**占有率をアップ**させることです。

したがって、自社で対応できないなら、ライバル会社に外注してでも、お客様の**数**を増やすのが正しい。

ライバル会社を一時的に下請けとしながら、その間に自社の人員を増やしたり、設備投資をしたりして**内製化**を整えていく。

ライバル会社は、自社の売上が急に上がったときの「**クッション**」です。

【回転】かいてん
早く仕入れて、早くつくって、早く売って、早く回収する

　利益率が低くてもいいので、「**回数**」**を多く**売る。損益分岐点を超えた分はすべて利益です。

【買う】かう
お客様が望むのは、すべての品が揃っていることではなく、自分の買いたい商品が豊富に揃っていることです。たくさんの商品を見比べて、その中から自分の気に入ったものを買いたい

　商売は、「**狭く深く**」のほうが絶対に儲かります。全国で百貨店の閉店・規模の縮小が続いているのは、商品やサービスを「広く浅く」扱っていたことが原因です。
　「ものがなかった時代」ならそれでもよかった。でも、今はまったく違う。売上を伸ばすには「**専門性**」を持つことが大切です。

【革新】かくしん
経済的成果を高めることを狙いとした、わが社の構造的変革を行うことです（合理化する、能率を上げる、というのは革新ではなく、「改善」という）。今までのやり方を捨てることから始める。最大の障壁は内部にあります

　「**革新**」とは、「**今までのやり方を違った方法でやること**」です。

私が「日本経営品質賞にチャレンジしよう」と提案をしたときに、社員全員が反対しました（日本経営品質賞……経営品質の向上を目的に公益財団法人日本生産性本部が主催する企業表彰制度。当社は2000年度と2010年度の計2回、日本で初めて受賞）。

　社員がなぜ反対したかというと、「日本経営品質賞にチャレンジするには、今までの成功体験を手放し、新しいことをしなければならなかったから」です。

　変化はわが社の都合を置いていきます。変化はわが社の都合を待ってくれません。

「今までのやり方」「今までと同じ考え方」では、変化に追いつけないのです。

　当社はいち早くバックヤードのIT化、タブレット化に着手。そのおかげで、現在では圧倒的に有利な空中戦を展開しています。

　iPadを全社員に導入したことで、「フィールド（外）でできること」が増えました。ライバル会社は、いまだに「竹やり」で戦っています。

　しかし当社は、全社員が「空中戦」を日々仕掛けている。

「竹やり」と「空中戦」では、どちらが強いでしょうか。

　結果は、火を見るより明らかです。

　組織を革新するときは、人に合わせて組織をつくるのではなく、先に**組織の理想形（どういう組織をつくりたいのか）を考え、その理想形に合う人員を集める**ことが大切です。

多くの社長が行っているのは、チェックではなく「追及」です。

追及とは、「どうしてできないのか」「誰が悪いのか」と責任の所在を問うことで、チェックとはまったく違います。

これでは社員のやる気は、ますますそがれるばかりです。

大切なのは、「やるべきことがきちんとできたか」を確認すること。そのためには、「こういう順番で、こういう項目についてチェックする」**チェックシート**が必要です。

チェックシートがない状態で行うチェックは、説教や糾弾になり、**百害あって一利なし**です。チェックリストさえあれば、点検者が誰であろうと、同じようにチェックできます。

【過去】かこ

すべて善です。時間が短く感じるときは、仕事がうまくいっているとき。逆に長く感じるときは、うまくいっていないときです

自分の人生でやってきたいろいろなことは、その年数に関係なく、**すべて「善」**です。自分が今置かれている境遇を「損」だと思ったら、本当に損です。自分の人生ですから、過去を否定してはいけません。

私は、いつも全力で物事に当たっています。もちろん、うまくいかなかったこともたくさんある。失敗の数では、誰にも負けません。

しかしどんなことでも、そのすべては自分の血となり肉となっている。だから「私の人生は間違っていなかった」といい切ることができます。

過去にうまくいったことは自分に都合よく考え、うまくいかなかったことはさっさと忘れる。

　過去のことを考えるより、未来のことを考えて生きていく。そうすると、過去の体験がすべて生きてきます。

【価値】かち

　2500円の花を２つ合わせたら5000円の価値になるのではなく、2500円です。価格が5000円になっただけです

　「価値」と「価格」は違います。**「価格＝価値」ではありません。**

　2500円の花を２つ買うと価格は5000円になります。買った人は5000円の価値があると思い込みます。しかし、この２つの花を２か所に分けて置くとどうでしょう。それをたまたま見た人にとっては2500円の価値しかありません。前に触れましたが、「絶対評価」と「相対評価」の価値に注意しなければいけません。

価値とは

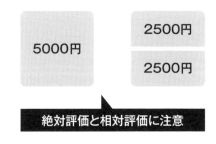

【活性化】かっせいか
トップが変わるのが最良の策です。組織はもともと、上司がすぐれていても、反対のボンクラでも、部下は育ちにくいものです。上がいなくなれば下が上の役につき、心構えが変わる。上司と部下の能力差があると人は育たない

　上司が優秀すぎると、部下はやる気をなくします。同じように、部下の実力が上司よりありすぎても、部下はやる気をなくします。

　強い組織をつくるには、「**均一である**」ことが不可欠です。

　当社が「それなりの人材」しか採用しないのは、会社のレベルより優秀な人材を採用すると、今いる社員がやる気をなくして辞めてしまうから。「もの足りない」と感じるからです。

　社員のレベルが高すぎても低すぎても、実力を発揮できない。**レベルを合わせたうえで、社員教育（価値観を共有するための教育）を徹底する**のが組織力を高めるポイントです。

　多くの社長は、「仕事ができない部下と優秀な上司」を組み合わせたほうが、部下は成長すると考えます。

　でも、それは違います。

　組織を活性化させるには、

「優秀な上司には優秀な部下をつける」
「仕事ができない上司には、仕事ができない部下をつける」

のが正しい。

同等の力を持っている人同士で組織を構成したほうが、切磋琢磨しやすいからです。

そして、不思議なことにどちらの組合せでも社員の能力レベルがアップする。これはエナジャイザーのデータでも確認できています。

ダントツ
社長の
告白

三洋住宅株式会社
（注文住宅、リフォーム、不動産仲介／和歌山県）
上野山喜之 社長

能力や実力の近いもの同士で
組織をつくる

　小山社長には、組織づくりについてアドバイスをいただきました。

　今までの私には、「スタッフとしては実力があるけれど、マネジメントが不得意な社員には、部下を持たせないでひとりでやらせる。店長と部下のレベル差がありすぎると、組織はまとまらなくなるので、実力の近いもの同士を組ませる」という発想がありませんでした。

　「エナジャイザー」などの分析ツールを活用することで社員の能力もわかってきたので、今後は個々の社員の能力を見極めながら組織をつくっていきたいと思います。

　また、当社の経営計画書には「人事をコロコロ変える」と書いてはいるのですが、実際はまだ「コロコロ変える」までいけていないので、今後は積極的な人事異動により、組織の活性化を図っていきたいと思っています。

【活力】かつりょく
欠点を取り除くと、なくなる

人も、会社も、欠点をなくしてはダメです。

なぜなら、**欠点を取り除くと、活力がなくなる**からです。

中小企業の社長の多くは、「自社の欠点や弱点をなくしたい」と考え、試行錯誤しています。

もちろん、それは大切なことです。

けれど、自社の欠点をつぶすこと以上にもっと大切なことがある。

それは、**自社のよいところを伸ばすこと**。よいところを伸ばすと、**欠点も隠れます**。

私もかつて、自社の欠点をなくそうと考えたことがありました。

当社はバックヤードのIT化を積極的に進めていますが、当初、私の目論みは「IT化によって自社の欠点を補う」ことでした。

でも、「入力が面倒くさい」「管理されるのが嫌だ」と社員はろくに機器に触ろうともしません。ITは社員が元から持っている資質を高めてくれることはあっても、そもそも持ち合わせていないものを付与してくれるものではなかったのです。

それに気づいた私は、「**ITは自社の長所を伸ばすために使う**」と発想を切り替えました。現在、当社は、欠点を直すことをやめ、徹底して「強み＝よいところ」を伸ばしています。

私の欠点は「落ち着きがない」ことと「記憶力が悪い」ことです。

でも、私は、欠点を直そうと思っていません。「落ち着きがない」から現場に出るようになったし、「記憶力が悪い」から「**今起こっていることを今すぐ処理**」するようになった。

会社も同じです。欠点を直すより強みを伸ばしていくほうが業績はどんどん上がります。

【勘】かん

　厳しいところで「鋭くなる」。温かいところで「甘くなる」。体調の悪いときや身内でトラブルのあるときは当たらない。悪い予感は具体的で当たるが、よい予感はファジーで外れる

勘がいい人と悪い人は何が違うか。

私が腕時計をしないのは、腕時計をしていると「どれくらい時間が経ったか、今何時か」を自分で気づけなくなるからです。

「今、何時か」「あれからどれくらい時間が経ったか」を意識しながら時計を見る人と、何も考えずに時計を見る人の差は大きい。

車の運転も同じです。

どこに行くにもカーナビ任せという人ほど、なんでもない渋滞にひっかかります。私は、エレベータを待つ短い間でも、3基あれば3基のうちどれが一番にくるか常に考えています。つまり、「勘がいい」とは、**「自分で考えて先を読める」**ことです。

また、私は**睡眠時間が短いとき（7時間未満のとき）は、「重要な決断をしない」**と決めています。

疲れているときの決断は、経験上「勘が外れやすい」ことがわかっているからです。

株式会社関通
（物流倉庫、物流アウトソーシング、発送代行／大阪府）

達城久裕社長
**短所には目をつぶり、
長所をさらに伸ばす効用**

　私には４人の子どもがいて、みんな関通で働いています。

　上から男、女、男、男の４人です。

　当社には、兄弟の確執も家族の確執もない。「兄弟会」という
名の飲み会で価値観も共有でき、家族としても社員としても非
常にまとまっています。

　ただ、一時期、私は長男の育て方を間違えていました。

　私は、「厳しく接するのが彼のため」と思っていましたが、小
山社長の考えは違いました。

「長男に得意なことをさせろ。得意なことをさせて、成功体験
を積ませろ」と。

　当時、長男は現場のマネジメントをしていたのですが、マネ
ジメントは得意ではなかった。そこで経営企画部に移し、RPA
（ロボティック・プロセス・オートメーション）などのシステム
開発を任せた。すると、ものすごい力を発揮し、システム開発
がどんどん進化。今では誰もかないません。

　現在、関通ではマレーシア工科大学と組んでシステム開発を
進めていますが、そのプロジェクトを率いているのも長男。長
男の活躍は目を見張るものがあり、他の兄弟や社員からも「人
って、こんなに変わるもの？」と驚かれています。

小山社長がいうように、社員の能力を存分に発揮させるには、得意なことをさせる。その人の欠点を補うには長所を伸ばすことが大切です。

　　おかげさまで、当社は2020年3月19日に東証マザーズに上場することができました。

【考える①】かんがえる

　過去の体験を思い出して整理することです。体験・経験がないと考えられない。組合せを変えることです

　フランスのパリに行ったことがない人は、パリのことは考えられません。体験がないからです。

　考えるとは、体験から得たデータを頭の中から探してくる時間のことであって、体験していない人はそもそも考えられない。多くの体験者だけが「考える」ことができます。体験があると、組合せを変えて、新しいものをつくり出せます。

【考える②】かんがえる

　行動のブレーキです。スキル100の人が1分、10分、1時間、1日、1か月考えても、スキルは100です

　スキル「100」（経験・体験の量が100）の人が出す答えは、1か月考えても、1週間考えても、1日考えても、1時間考えても、1分しか考えなくても、「100」です。だとしたら、1分考え、すぐに行動に移すのが正解です。

　人間は経験したことがないものは苦手です。どれほど時間をかけて情

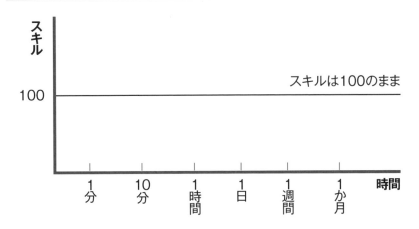

考えるとは

スキル

100 ──────────── スキルは100のまま

| | | | | | | **時間**
1分　10分　1時間　1日　1週間　1か月

報を集めても、どれほど綿密なシミュレーションを立てても、初めての
ことはたいてい失敗します。

　だとすれば、さっさと行動し、経験を積み上げたほうがいい。

「考」より「行」が先です。

　「こうするとうまくいくのでは？」と思ったら、**根拠がなくてもいいか
らやってみる**。成功するかしないかは、やってみなければわかりませ
ん。やってみてうまくいかなければ、修正・改善すればいい。

　多くの社長は、一度で成功させようとしますが、経営で大切なのは失
敗をしないこと（1回で成功すること）ではありません。

　「トライ＆エラー」を繰り返しながら、少しずつ正解に近づいていく。
考えても考えなくても、答えは一緒。間違えても、直せばいいのです。

【小山の経営公式66】

56　色はそれだけで言葉

57　人の器は「やってみて、失敗して、振り返る」ことでしか大きくならない

58　「売上単価の決定」と「返金決済の確認」は社長がやるべき

59　運のいい人、いい会社、いいものなど、運がいいと思うものとつき合えば、自分にも運がつく

60　上位20%のお客様に80%の力をかける

61　お金の棚卸しは毎日、社長にメールで報告する

62　お中元・お歳暮は社長・部長の営業活動。2人以上でわざわざ行く

63　かけた恩は水に流し、受けた恩は石に刻む

64　革新とは「今までやっていたことを違った方法でやる」こと

65　人も、会社も、欠点をなくしてはダメ!

66　睡眠時間が7時間未満のときは、重要な決断をしない

わが社の経営ノート

この講義を振り返り、気づいたことを箇条書きにしてみましょう。
各講義末に気づきを書き留め、行動に変える「わが社の経営ノート」をつくり、チームで共有してみてください。きっとあなたの会社は変わり始めます。

第7講「早朝勉強会実況中継」

▶この講義での気づき

1.

2.

3.

▶わが社の喫緊の「早朝勉強会実況中継」で発見した課題

1.

2.

3.

▶わが社で今すぐやろうと思ったこと

1.

2.

3.

「小山の経営公式66」

（第1講〜第7講）

第1講

経営計画

1 経営計画書は、方針、数字、スケジュールを1冊の手帳に まとめた会社のルールブック

2 人間心理を無視して経営をしてはいけない

3 年間スケジュールは「4週1サイクル」でパターン化する

4 「今と同じやり方」「今と同じ考え方」の延長線上で経営計 画を考えてはいけない

5 経営は「逆算」が基本。「過去計算」ではなく「未来計算」 で考える

6 経営計画を立てるときは「やること」を決める前に、「や らないこと」を決める

7 「5年で売上2倍」の長期計画を立てる

8 経営計画書は書いたらそのとおりに実現する「魔法の書」

9 経営計画は、「絶対評価」と「相対評価」の2軸で考える

事業構造

10　中小企業は、テリトリを小さく、一点集中型のランチェスター戦略で攻める

11　会社の利益は、マーケットの広さに比例するのではなく、「シェア」に比例する

12　「鉄砲」よりも「弾」を売るほうが経営は安定する

13　ライバルがいない事業は失敗する

14　オンリーワンよりNo.1を目指す

15　新規事業を始めるときは、「社歴よりも古いマーケット」には参入しない

16　「ミツバチ型」×「クモの巣型」戦略で売上がアップする

17　効果的な値上げ交渉のポイントは「7つ」ある

18　人に仕事をつけるのではなく、仕事に人をつける

第3講

人材育成

19 「販売戦略」から「人材戦略」の時代

20 ストレスに弱い人を採用して、少しずつストレス耐性を強くしていくのが正しいマネジメント

21 商品、お客様、従業員に関して、5年以内にそれぞれ「25%」を新しくすると業績が上がる

22 月45時間・年360時間を超えた残業は法律違反！

23 長期休暇には「7つのメリット」がある

24 バックヤードはデジタル、人との接点はアナログ

25 中小企業は、人の成長＝会社の成長

26 社員教育は質より量。嫌々ながら仕方なく "お金で釣る" のが正しい

27 人事異動には「8つのメリット」がある

第4講

ドロドロ解決法

28 「社内不倫は厳罰処分」であることを経営計画書に明記する

29 飲み会では、男性社員と女性社員を個室で2人だけにさせない

30 借金が年収額を超えた社員は助けない

31 会社の経営を安定させるには、株式の67%以上を社長が保有する

32 後継者の経営手腕に不安があるときは、先代社長は拒否権付株式(黄金株)を持っておく

33 事業承継は「会社法」で考える

34 中小企業では社長が株を「独り占め」するのが正しい

35 事業承継後、後継社長は、1年間は何もしない

36 クレーマーとは6つのステップで断固戦う。泣き寝入りはしない

一問一答オープン質問会

37 飲み会は、結束力や団結力を強くする重要なコミュニケーションツール

38 コミュニケーションの原点は、人と人とが顔を突き合わせて会話をすること

39 金利は"保険料"。資金に余裕があっても、繰り上げ返済をしてはいけない

40 月商の3倍の現金・普通預金を確保し、緊急支払能力を高める

41 マネは最高の創造

42 「今が最高」「今のやり方が正しい」という考え方を捨てる

43 退職金制度より嘱託社員としての再雇用制度を

44 地位と環境が人を育てる。降格しても「復活のルール」をつくっておく

45 賃金テーブルを変え、残業減でも社員の可処分所得を増やす

46 キャバクラは社員教育の場であり、社員の特性を知る場

第6講

社長のお金の使い方

47　お金には「生き金」と「死に金」がある

48　賞与は銀行振込ではなく、手渡しのほうが、社員はやる気を出す

49　辞めていく従業員には、社長のポケットマネーで花束を贈る

50　会社の業績がいいときは、「幹部優遇、若手冷遇」が正しい

51　賞与の一部を「部下のため」に使える上司は出世する

52　経営は「率」ではなく「額」で考える

53　将来の事業承継を見据え、子どもが1歳になったら預金通帳をつくっておいたほうがいい

54　マーケットは平均値でなく最頻値（最も多く分布している値）で見る

55　人は、人が集まるところに集まる

第7講

早朝勉強会実況中継

56　色はそれだけで言葉

57　人の器は「やってみて、失敗して、振り返る」ことでしか大きくならない

58　「売上単価の決定」と「返金決済の確認」は社長がやるべき

59　運のいい人、いい会社、いいものなど、運がいいと思うものとつき合えば、自分にも運がつく

60　上位20%のお客様に80%の力をかける

61　お金の棚卸しは毎日、社長にメールで報告する

62　お中元・お歳暮は社長・部長の営業活動。2人以上でわざわざ行く

63　かけた恩は水に流し、受けた恩は石に刻む

64　革新とは「今までやっていたことを違った方法でやる」こと

65　人も、会社も、欠点をなくしてはダメ！

66　睡眠時間が7時間未満のときは、重要な決断をしない

［著者］

小山 昇（Noboru Koyama）

株式会社武蔵野 代表取締役社長

1948年山梨県生まれ。東京経済大学を9年かけて卒業。

「大卒は2人だけ、赤字続きだった武蔵野」を18年連続増収の優良企業に育てる。

2001年から同社の経営のしくみを紹介する「経営サポート事業」を展開。2017年にはJR新宿ミライナタワーにもセミナールームをオープンさせた。

現在、750社超の会員企業を指導。5社に1社が過去最高益、倒産企業ゼロとなっているほか、「実践経営塾」「実践幹部塾」「経営計画書セミナー」など、全国各地で年間240回以上の講演・セミナーを開催。

1999年「電子メッセージング協議会会長賞」、2001年度「経済産業大臣賞」、2004年度、経済産業省が推進する「IT経営百選最優秀賞」をそれぞれ受賞。日本で初めて「日本経営品質賞」を2回受賞（2000年度、2010年度）。

2004年からスタートした、3日で108万円（当時）の現場研修プログラム（＝1日36万円の「かばん持ち」）が話題となり、現在70人・1年3か月待ちの人気となっている。

今回、これまで一切封印されてきた、武蔵野史上最高額のセミナー「実践経営塾 箱根プレミアム合宿」のノウハウを初公開した。

『朝30分の掃除から儲かる会社に変わる』『強い会社の教科書』『【決定版】朝一番の掃除で、あなたの会社が儲かる！』『1日36万円のかばん持ち』『残業ゼロがすべてを解決する』『数字は人格』『お金は愛』（以上、ダイヤモンド社）、『会社を絶対に潰さない社長の「金言」100』（プレジデント社）、『改訂3版 仕事ができる人の心得』（CCCメディアハウス）などベスト＆ロングセラー多数。

門外不出の経営ノート

——2泊3日で165万円！ プレミアム合宿LIVE講義

2020年7月15日　第1刷発行

著　者——小山 昇
発行所——ダイヤモンド社
　　　　　〒150-8409　東京都渋谷区神宮前6-12-17
　　　　　https://www.diamond.co.jp/
　　　　　電話／03·5778·7233（編集）　03·5778·7240（販売）
装丁————廣田清子（Office Sun Ra）
本文デザイン—布施育哉
本文イラスト—松本花澄
本文図版——渡邉和美
編集協力——藤吉 豊（文道）
本文DTP／図版—ダイヤモンド・グラフィック社
校正————加藤義廣・宮川 咲
製作進行——ダイヤモンド・グラフィック社
印刷／製本—文唱堂印刷
編集担当——寺田庸二

やるのは「新聞紙1枚のゾーン」だけ！「ペチャクチャ掃除」で社員が伸びる！

「朝30分の掃除」で、製造業からペットショップまで、儲かる会社が次々誕生！ 幹部社員の3分の1が元暴走族の「落ちこぼれ集団」が、「日本経営品質賞」や「経済産業大臣賞」を次々受賞した秘密！　99%の社長が知らない！　社員ニコニコ業績ピカピカの法則とは？

朝30分の掃除から儲かる会社に変わる
—社員ニコニコ業績ピカピカの法則—

小山 昇 ［著］

●四六判並製●定価（本体1429円＋税）